American
prison

American prison

美国监狱

美国资本和权力的游戏

[美] 肖恩·鲍尔 ——— 著

郭红 ——— 译

北京时代华文书局

图书在版编目（CIP）数据

美国监狱 / (美) 肖恩·鲍尔著; 郭红译 . -- 北京：
北京时代华文书局, 2020.7
书名原文：AMERICAN PRISON:A REPORTER'S
UNDERCOVER JOURNEYINTO THE BUSINESS OF PUNISHMENT
ISBN 978-7-5699-3698-8

Ⅰ.①美… Ⅱ.①肖…②郭… Ⅲ.①监狱－研究－
美国 Ⅳ.① D971.267

中国版本图书馆 CIP 数据核字 (2020) 第 098062 号

著作权合同登记号：01-2020-1980

AMERICAN PRISON © 2018 by Shane Bauer
First published by Penguin Press.
Translation rights arranged by The Grayhawk Agency Ltd. and The
Clegg Agency, Inc., USA

美国监狱

MEIGUO JIANYU

著　　者 |（美）肖恩·鲍尔
译　　者 | 郭　红
出 版 人 | 陈　涛
图书策划 | 赵明明
产品经理 | 王　争
责任编辑 | 徐敏峰
装帧设计 | 棱角视觉
责任印制 | 郝　旺
出版发行 | 北京时代华文书局 http://www.bjsdsj.com.cn
　　　　　北京市东城区安定门外大街 136 号皇城国际大厦 A 座 8 楼
　　　　　邮编：100011　电话：010 - 83670692　64267677
印　　刷 | 北京盛通印刷股份有限公司
　　　　　（如发现印装质量问题，请与印刷厂联系调换）
开　　本 | 880mm×1230mm　　1/32
印　　张 | 9
字　　数 | 150 千字
版　　次 | 2020 年 7 月第 1 版
印　　次 | 2020 年 7 月第 1 次印刷
书　　号 | ISBN 978-7-5699-3698-8
定　　价 | 58.00 元

本书所获荣誉

- 2018 年《纽约时报书评》年度十大好书
- 2018 年《旧金山纪事报》年度十大好书
- 2018 年《波士顿环球报》年度最佳图书
- 2018 年《科克斯书评》年度最佳图书
- 2018 年《琼斯夫人》最受欢迎非虚构图书
- 2019 年 RFK 图书奖和新闻奖
- 2019 年海伦·伯恩斯坦图书奖和新闻奖
- 2019 年罗伯特·F.肯尼迪图书奖
- 2019 年 J. 安东尼·卢卡斯非虚构图书奖
- 邦诺① 发现奖非虚构类作品第二名
- 加州图书奖·非虚构类银奖
- 国际笔会 / 约翰·肯尼斯·加尔布雷斯奖决选作品
- 2020 年 2 月，PBS 新闻一小时 / 纽约时报读书俱乐部联合选书

　　《美国监狱》结合之前刊登在《琼斯夫人》上的连载，增加了关于 CCA（美国最早的私营监狱）引人入胜的幕后故事，以及其作为一家牟利公司令人大开眼界的惩教历史……作者鲍尔敏锐捕捉细节并详细记录，他的同事们让人心生同情，有几个给人留

---

　　① 邦诺（Barnes & Noble），美国最大的实体书店。

下深刻印象……单单是来自鲍尔上司及狱警同事的大量谈话记录就值得得到认可。

——《纽约时报书评》

《美国监狱》讲述了一名记者在监狱担任四个月卧底狱警的特别经历，揭露了惩教公司是如何对待囚犯并从他们身上获利的……也正是因为鲍尔的调查，让《美国监狱》的出版显得尤为必要。在韦恩监狱期间他同并不知情的囚犯和警卫交谈……基于这些一手的经历和对话，他讲述了监狱对犯人的不公待遇，以及监狱中人手缺乏和人心沮丧的场景。书中的故事令人悲愤……本书对私营监狱系统的关注十分必要，让人读后愤慨，为监狱改革吹响了号角。

——NPR.org 网站

"本书言辞犀利，毫不妥协，仿佛是对私营监狱的当头棒喝，只为让白日之光照亮野兽的轮廓……私营监狱业如今已再次蓬勃发展。要发掘这对于看守和囚犯意味着什么，首推《美国监狱》。"

——《旧金山纪事报》

"《美国监狱》反映了鲍尔在一个非人道的监狱系统中的双重身份的道德复杂性：既是亲历者又是记录者。此书大胆披露，令人不安、发人警醒，堪称纪实文学的典范。"

——J. 安东尼·卢卡斯图书奖评委

"鲍尔揭露了美国监狱系统中极其非人道的现象和各种虐待

的问题——这些问题影响着狱警和犯人。这是对美国当前最黑暗和最深远的困境之一的可怕一瞥。"

——美国文学网站（Literary Hub）

"鲍尔将回忆录和社会学研究合二为一，成为近年来对监狱文化和监狱产业最犀利、最具批判性的调查之一，为刑事司法系统的黑暗角落带来了亟需的光明。"

——《波士顿环球报》

"非常精彩……鲍尔曾在伊朗的一所监狱被关押两年，所以他知道呆在监狱里是什么感觉，但此次他用记者的视角，描述了美国奴隶制、惩教公司创始人以及他的卧底经历。他险象环生的经历表明，在这些所谓的惩教行业中，其财务底线以大量的人力付出为代价。

——奥普拉网站（Oprah.com）

"鲍尔对韦恩监狱里种种痛苦的经历发出了强有力的控诉：证明了监狱系统的残酷暴戾，而监狱对暴利的追逐也开始瓦解犯人和狱警的道德品性。"

——文化网站（Vulture）

"对美国私营监狱的残酷无情和难以想象的腐败进行了一次深刻揭露。几乎每一页都有令人震惊的非人道案例……是对美国监狱制度强有力的全面回击。"

——《科克斯书评》（星级评论）

"在对营利性监狱行业的强有力的曝光中，剥削、虐待和恐惧压迫着囚犯和狱警……强烈控诉这一恶迹斑斑的产业。"

——《出版商周刊》（星级评论）

"本书详述了奴隶制的有毒遗产之一：利用犯人牟利。CCA追求利润，监狱人手不足，工作人员工资过低，由此造成了一个极度危险和失控的环境。鲍尔的这本纪实作品有必要一读。"

——《推荐书目》

"有时候获得完整报道的唯一方法就是成为一名'沉浸式记者'。肖恩·鲍尔为了解更多关于营利性监狱的情况，选择了深入监狱担任卧底狱警。他讲述了卧底期间扣人心弦的的个人经历，并分析了监狱乱象背后的社会和经济因素。书中揭示了很多过去我们不想知道的事情，但是现在既然已经知晓，就永远不会忘记。"

——《镍币与银币》作者，芭芭拉·埃伦里奇

"《美国监狱》是对美国私营监狱系统的强烈控诉。肖恩·鲍尔亲入监狱体验，将材料整合并描绘出一条具有说服力的主线：从奴隶制种植园到南方的监狱农场，再到私营监狱。他结合历史和纪实，揭示了私营监狱的罪恶本质———一个充满痛苦的产业。"

——普利策奖入围者，纽约大学亚瑟·L·卡特新闻学院院长，

泰德·康诺弗

身着制服的肖恩·鲍尔在韦恩监狱。

鲍尔的同事——大卫·巴克莱在梣树区。

韦恩监狱临近路易斯安那州韦恩菲尔德镇，这个小镇人口 4600 人，家庭平均收入为 25000 美元。

韦恩监狱中大多数犯人住在类似宿舍的分监区，这些分监区最多可以容纳 45 名犯人。每个监区有八个分监区，由两名警卫把守。

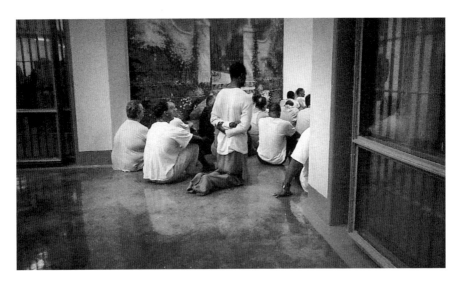

警卫搜查分监区时，犯人们在梣树区等待。

一名警卫在韦恩监狱中控室查看监控。

　　达米安·科斯特利被关在自杀留观室。监狱不允许自杀留观室的犯人穿衣服或裹毯子，不允许他们读书，提供的饭菜低于美国农业部饮食标准。

一名犯人被监狱特别行动组喷了胡椒水后关押在隔离区。

韦恩监狱的警犬队追踪嫌疑犯和逃犯。

一名从隔离区出来的犯人晕倒在地，不省人事。

一名特别行动组成员在韦恩监狱的隔离区——柏树区。

监狱走廊的画作

椽树区两名犯人打架后留下的刀具

犯人们聚集在椽树区的院子里

通向监狱的主通道

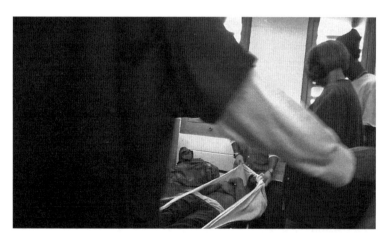

一名犯人在同一天两次因为胸痛被送往医务室。他要求去医院就医，但 CCA 因为需要支付账单，拒绝了他的请求。

　　警卫在桦树区搜查犯人私货时，一名特别行动组成员手持胡椒弹枪把守。

　　2015 年 6 月 10 日，美国惩教公司（CCA）总裁兼 CEO 达蒙·海宁格来到纽约证交所敲钟，纪念公司上市 12 周年。

19 世纪路易斯安那州立监狱的制鞋厂

1862 年联邦军在路易斯安那州立监狱外扎营。

　　路易斯安那州犯人租赁时期，犯人们正在修筑大坝。在塞缪尔·劳伦斯·詹姆斯的盈利管理模式下，监狱劳力的生活比奴隶还要悲惨，1870 年至 1901 年间有 3000 名犯人死亡。

　　20 世纪初，一名安哥拉监狱的犯人被猎狗逼上了树。

犯人们在北卡罗来纳州修铁路。

1910 年北卡罗来纳州的枷锁犯人营

1930 年佐治亚州修路营的一名犯人正在受到惩罚。

　　图示为 1907 年阿拉巴马州的犯人。美国钢铁公司强迫几千名犯人在煤矿劳动。

CCA 创始人特勒尔·唐·霍顿在阿肯色州的康明斯监狱。他曾在得克萨斯州的拉姆齐监狱担任监狱长。

得克萨斯州拉姆齐监狱农场的犯人们正在摘棉花。拉姆齐监狱农场面积相当于曼哈顿。照片摄于 1965 年，霍顿当时担任监狱长助理。

1966 年，得克萨斯州埃利斯监狱的犯人们外出劳动。

1972 年，霍顿担任阿肯色州惩教局局长期间，发起了犯人竞技活动。为争得奖金，不少犯人在竞技活动中受伤严重。

AGRICULTURE

TEXAS DEPARTMENT OF CORRECTIONS
Cotton and Cotton Seed Production
1938 through 1965

Year	Cotton Acreage	Bale Yield	Average Yield Per Acre	Cotton Value	Cotton Seed Value	Value of Total Production
1938	13,625	5,005	.367	$ 229,829.62	$ 22,709.43	$ 252,539.05
1939	13,836	5,247	.379	295,648.52	46,820.34	342,463.86
1940	12,614	12,217	.969	619,271.70	42,544.85	661,816.55
1941	12,534	1,185	.095	133,992.03	55,707.39	189,699.42
1942	10,300	4,275	.415	358,139.60	160,759.18	518,898.78
1943	4,000	2,144	.536	203,040.15	51,335.64	254,375.79
1944	3,600	1,267	.352	128,509.08	22,228.70	150,737.78
1945	4,000	2,197	.549	214,546.00	45,518.95	260,064.95
1946	4,250	410	.096	59,890.99	15,872.62	75,763.61
1947	4,650	2,215	.476	366,955.93	70,157.79	437,113.72
1948	7,160	3,441	.481	548,898.26	101,698.79	650,597.05
1949	10,850	3,821	.352	532,291.79	55,927.53	588,219.32
1950	7,200	4,031	.560	817,097.40	157,462.04	974,559.44
1951	11,419	10,409	.912	1,809,834.23	272,753.05	2,082,587.28
1952	13,185	10,980	.840	2,020,808.24	370,016.66	2,390,824.90
1953	13,770	12,352	.840	1,939,381.89	267,720.08	2,207,101.97
1954	9,135	10,929	1.196	1,863,175.94	296,966.41	2,160,142.35
1955	7,288	11,512	1.580	1,786,731.75	200,590.89	1,987,322.64
1956	6,827	8,580	1.383	1,504,568.76	284,787.92	1,789,356.68
1957	6,951	9,924	1.427	1,493,255.62	235,400.19	1,728,655.81
1958	6,723	8,755*	1.302	1,416,030.86	154,560.21	1,570,591.07
1959	8,625	7,727*	.895	1,028,267.99	125,388.02	1,153,606.01
1960	12,504	10,111	.809	1,466,710.65	186,257.57	1,652,968.22
1961	12,050	6,394*	.536**	1,031,695.66	131,349.85	1,163,045.51
1962	10,000	11,604*	1.160	1,879,703.90	272,847.98	2,152,551.88
1963	9,503	9,898*	1.041	1,574,652.39	252,388.67	1,827,041.06
1964	9,347	11,381*	1.217	1,626,420.66	238,518.90	1,864,939.56
1965	9,421	10,587*	1.124	1,522,021.40	225,547.01	1,747,568.41
Total	256,416	199,693		$28,471,366.01	$4,813,785.86	$32,785,152.67
Average Year	9,157	7,128	.778	$ 1,016,834.50	$ 154,063.81	$1,170,898.31

*Note cotton not included

...hurricane Carla

得克萨斯州惩教局 1965 年的年报中，列明了强迫犯人摘棉花获取的利润。

为了
美国的
囚犯

我们都想要相信自己内心的力量，相信我们的自主意识，去抵制那些类似于斯坦福监狱实验中的外在环境影响。……对于许多人而言，相信个人的力量能够抵御外在强大的环境影响，也不过是让人感到慰藉的幻想而已。

——菲利普·津巴多

（运营私营监狱）就像是你在卖车、卖房子或是卖汉堡。

——美国惩教公司共同创始人　托马斯·比斯利

前 言

电话中我询问 CCA①（美国惩教公司）的招聘人员：*你们之前遇到过监狱暴乱吗？*他说：*两年前有一次。*这时有个女人的声音插了进来：*那次我们搞定的是一帮波多黎各犯人，现在这儿关的犯人都是俄克拉荷马州的。*

他开始问我问题：*上一次与他人出现分歧是在什么时候？你是如何解决的？上司派你去参加一个你并不感兴趣的会议，你会作何反应？*他对我的简历细节并不感兴趣，也没有问工作经历。我现在供职于美国进步基金会，并为《琼斯夫人》杂志（*Mother Jones*）②撰稿。他也没有问为什么一个加州的记者千里迢迢跑到这里的监狱找工作。我在求职信里写了真实姓名和个人信息，甚至写了 19 岁时因为盗窃被抓的事情。他会上谷歌搜索我吗？搜索一下就会看到我写的监狱报道，以及我在伊朗监狱服刑两年的一些文章。然而我所担心的问题，他都没有问，那我也不会主动提起。

我在 CCA 网站上完成了调查问卷。这个调查问卷要求应聘者从多个选项中选出正确答案，以测试其在监狱多个工作场景的本

---

① CCA（Corrections Corporation of America），美国最大的私营监狱运营商。——译者注

②《琼斯夫人》（*Mother Jones*），美国一家非营利性新闻机构，专门从事政治、人权、环境、文化的新闻调查和采访报道。——译者注

能反应。

"一个犯人因为饭菜的布丁里有头发，要求重换一盘食物。"
换一盘食物？只换布丁？还是置之不理？

"一个女犯人说你不喜欢她是因为种族原因。"你会予以否
认？置之不理？还是告诉她，她才是种族主义者？

问卷中有几十个这样的问题，需要在"完全同意"和"完全
不同意"之间进行选择。

"如果有人辱骂你，他／她是欠揍。" 不同意。

"我工作效率高。"完全同意。

"我总是支持老板的决定。" 不置可否。

"我有严格的道德准则。"完全同意。

"我不会拿生命换取别的东西。"

最后一个问题我选了"完全同意"。我把简历投给 CCA 的几
家监狱，曾一度担心他们不会雇我。

后来有监狱打来电话说，我需要接受四周的培训，正式工作
后每天工作时间是 12—16 小时。他还问我"什么时候能来上班"，
我告诉他我需要再考虑一下。

我深吸一口气，我真的要成为一名狱警吗？当这一切真的要
发生时，我有点儿害怕，这件事是不是做得有点儿过头？

我最初申请去监狱工作，是因为想要了解惩教行业的内部运
行情况。全美国 150 万名犯人中有 13 万人关押在私营监狱。通
常情况下记者对监狱的调查会受到重重限制。监狱即便允许记者
采访，往往也会精心安排采访路线并监视记者对犯人的采访。美
国许多州的监狱不允许记者随意进行采访，一般要指定采访对象。

监狱要监听电话，书信要当面打开由狱警来念。那些和记者随意交谈的犯人会遭受关禁闭之类的报复。私营监狱尤其隐秘，监狱记录也不受信息公开法的约束。CCA 一直以来都在对抗一项立法，这项立法要求私营监狱同公共监狱一样遵守信息公开管理规定。即使我能从犯人那里得到一些未经审查的信息，但是又如何能证实他们的说法呢？所以我一直在想这个问题，有没有别的什么办法，能够对私营监狱一探究竟呢？

当这一切即将成为现实，我的内心充满了矛盾。我真的要再次回到监狱吗？三年前我才刚刚出狱。2009 年我在中东做自由记者，和同伴莎拉住在达玛斯克斯。朋友乔希来访时，我们一起去了伊拉克著名的旅游城市库尔德斯坦，这个地方对西方旅行者来说相对安全。我们在旅游景点附近爬山，爬了很久，以至于不知不觉靠近了伊朗边境。之后我们三人被捕，并被关押进伊朗的伊文监狱，接受了为时数月的审讯。四个月后，我和乔希被关押在一起。莎拉被单独关押了一年多后于 2010 年被释放。而我和乔希被关押了 26 个月才出狱。

出狱那晚，我在阿曼海湾温暖的磷光海水里游泳，当时的我一定不会料到自己有天会再回监狱。重获自由后，我一度感到无所适从。在监狱里我早已习惯了安静和单调的生活。看书的时候，能听到走廊另一头的脚步声，还有乔希在隔壁发出的声音。监狱外的自由世界充满了纷繁复杂的声音，有一段时间我感到非常混乱，很难从中分辨出重要的信息，而且我还得重新培养自己做选择的能力。我在监狱的两年里吃不到什么好饭菜，现在盯着菜单却不知道该吃什么，只能靠别人来替我选择。我时常处于崩溃的边缘，有时会突然远离人群，有时又不能忍受独处的压抑。几乎每晚做噩梦，梦到自己又回到了监狱。我对此后遇到的那些有官衔的人总是产生过度反应，好像他们就是狱警。而遇到事情，我也变得特别容易生气。

出狱不久，我听说加州的一些监狱发生了抗议活动，犯人们绝食以抗议长期的单独监禁。在加州，有 4000 名犯人被无限期单独监禁。全国更是有 8 万名犯人被单独关"黑洞"，人数居全球之首。单是在加州鹈鹕湾州立监狱，就有 500 多名犯人被单独监禁至少 10 年以上，89 名犯人被单独监禁至少 20 年，还有一名犯人甚至被单独监禁长达 42 年。

后来当我慢慢从监狱生活的阴影中走出来，学着重新适应并从创伤后应激障碍中恢复，我开始联系一些被单独监禁的犯人。我发现其中一些人头脑清楚且能够保持警醒，而另一些人则头脑混乱，甚至连书写的字迹也难以辨认。我开始翻阅他们的监狱记录，发现很多长年被关禁闭的犯人在监狱中并没有实施暴力犯罪。他们中有些人是黑帮成员，但另一些人被关禁闭是因为他们结交的人，或是因为他们是监狱律师，或是因为手里有关于黑人历史的书刊。出狱 7 个月以后，我去了加州鹈鹕湾州立监狱，这是一所很早就开始对部分犯人实施长期单独监禁的监狱。犯人住在 11 英尺 ×7 英尺（约 3.3 米 ×2.1 米）、没有窗户的牢房里。我遇到一个被单独禁闭 12 年的犯人，他甚至连棵树都见不到。在伊朗长达 4 个月单独禁闭的时光是我记忆中难以抚平的创伤，而这些犯人更加悲惨的境地，让我得以重新审视自己的痛苦经历。

因为我懂阿拉伯语，曾经想要重返中东，阿拉伯之春已经演变成一场革命战争，但是我永远也绕不开美国的监狱系统。我们现在处在世界历史上史无前例的大规模关押时期。美国关押犯人的数量占总人口的比例高居世界之首。美国目前关押犯人220万，是40年前关押人数的5倍。美国人口约占世界人口的5%，但是关押人数占到了全球关押人数的近20%。回顾过去一个世纪，我认为监狱系统仍然是造成当前状况的主要因素。

这本书集中讲述了我历时4个月卧底一家私营监狱的情况，并分析了过去250年美国监狱系统背后的趋利因素。私营监狱本身并不是造成大规模关押的原因，从中可以大获其利才是。警察、检察官和法官决定关押的对象。监狱人满为患，背后的原因虽然非常复杂，莫衷一是，但学者们普遍认为种族主义是一个重要的因素。在美国历史上，种族主义、监狱和获利的因素相互交织。奴隶制作为美国种族主义的根源，之前就是一种用以牟利的制度。奴隶制结束以后，又很快出现了从关押的黑人和穷人身上获利的方法。为一探究竟，我深入到私营监狱，同时也翻阅了大量的历史书籍、报纸，并找到那些早已被人们遗忘的记录和国家档案馆的监狱报告。通过调查研究，我发现在美国历史上政府或私营公司一直都在试图从犯人身上谋求利益。我尝试将历史与个人亲历结合在一起，希望能够全面揭示这一国家灾难的影响范围和风险。

在网上填了申请后不到两周，我就接到了CCA在俄克拉荷马州、路易斯安那州、科罗拉多州的几家监狱以及亚利桑那州一家移民关押中心的电话。我给位于路易斯安那州韦恩菲尔德的韦恩监狱打了电话，接电话的女士听起来活泼爽朗，带着沙哑的南方口音。

我得告诉你工资是每小时 9 美元，监狱在国家森林中央，你喜欢打猎或钓鱼吗？

我喜欢钓鱼。

这里有很多地方都可以钓鱼，这里的人们喜欢逮松鼠，你逮过松鼠吗？

没有。

我想你会喜欢路易斯安那州的，虽然挣钱不多，但是你从惩教官（CO）到狱长只需要 7 年的时间，公司的 CEO 也是从普通职员起家的。

几天后我去面试，他们问了我许多程式化的问题。之后又问我：*你对客户服务有什么看法？这和给犯人提供服务有什么联系？* 我搜肠刮肚也不知道怎么回答（客户总是对的，但是在监狱里似乎不太适用）。招聘官于是说道：*好吧，我们现在面对面，我觉得你是个不错的人选。* 她告诉我，只要通过了背景调查，就可以雇用我。

我和《琼斯夫人》的同事充分考虑了各种可能发生的情况。如果身份暴露，我该怎么办？我们也考虑到各种细节，确保卧底期间有工伤赔偿。律师也仔细研究了路易斯安那州的法律，以确保我所做的事情合法。同事们也告诉我，不管出于什么原因，我都可以随时终止这个项目。我也会使用真名，虽然没必要透露我的一切信息，但是我也不会撒谎，如果有人要问我是不是记者，我会如实相告。

我们仔细考虑了法律和道德上的一些问题。有人对卧底记者讳莫如深，许多杂志社要求记者在任何情况下都要公开身份。但是这次行动非常符合关于卧底调查的波英特原则，即主题关乎公众利益；通过其他方法无法获取信息；我在报道中会说明任何欺骗行为的原因；新闻机构也应在时间和经费上给予支持；阻止报道所带来的隐患大于隐患本身。

为保护当事人的隐私，除非特别说明，文中人名都使用了假名。我尽可能引用当事人的原话。书中的引号部分大多是摘自录音设备或者是从文件中摘录。斜体部分是在无法使用录音设备时根据当时的笔记整理的内容，有时为了语句通顺对句子进行了略微调整。

卧底调查在美国有着久远的历史，但最近却成了一个敏感的话题。1859 年北方的一位记者假扮成买家参加了佐治亚州的奴隶拍卖，因为这是他唯一获取信息的渠道。他的报道中充满了大多数北方人所不了解的细节：人们就像挑选牲口一样挑选奴隶；为了卖出一个好价钱，那些奴隶表现出矫揉造作的自豪感；孩子被迫与母亲分离时，观者莫不痛心。1887 年内莉·布莱假扮疯子，深入一家精神病院长达 10 天，后来她将这段经历发表在约瑟夫·普利策的《纽约世界》杂志上。正是因为这篇报道，纽约增加了对公共慈善机构的预算，并修改了相关法规，确保只有病情严重的精神病人才能收入精神病院。《旧金山考察家报》的记者 W.H. 布罗梅奇假扮海员，调查诱骗黑人奴隶的事件。当时许多船长诱骗太平洋岛国的黑人签订契约，到危地马拉去种植甘蔗。1959 年约翰·霍华德·格里芬吃了一种可以使皮肤变黑的药，在美国南方用了 6 周的时间调查种族隔离事件。1977 年《芝加哥太阳时报》买下一家酒吧，在酒吧里安插卧底记者，并安装了隐形摄像机用来调查那些贪污的官员，这些官员为了 20 美元就不惜玩忽职守。为了引起公众对底层穷人的重视，芭芭拉·埃伦赖希扮成服务员、沃尔玛超市员工和清洁工进行报道。20 世纪 90 年代，泰德·康诺弗曾在纽约的新新监狱做过一年多的卧底狱警，他的书成为激励我实施此次卧底行动的重要原因之一。

为什么现在这样的卧底调查很罕见？一个很重要的原因就是记者担心遭到起诉。1992 年 ABC 新闻曝光了雄狮食品公司（Food Lion）包装坏肉再次上架销售的事件。陪审团相信了公司的说法，竟将矛头指向记者，认为他们伪造身份信息，以及没有完成"重新包装坏肉"的工作任务。结果 550 万的损失赔偿金最后锐减至两美元，这个案件对此类披露丑闻事件造成了重大影响。公司和政府机构也因此建立了更加严格的法律保护网。此前主要针对苹果产品发布和碧昂斯唱片发布的保密条例，现在也渗透到了各行各业，此外还混杂了非歧视条例以及雇主保护法律。即便是审查组织的权力高于某些政府机构，雇主对商业秘密正当权益的保护也已经演变成对抗公共审查的万能工具。

CCA 的几家监狱都向我提供了工作机会，但我最终还是选择了韦恩监狱，这不仅是因为路易斯安那州关押犯人的比例全球最高，几乎是中国关押犯人比例的 5 倍，同时也因为韦恩监狱是最早运营的私营监狱，其安全级别为中等。我给韦恩监狱的人力资源主管打了电话，告诉她我接受这份工作，她说"太好了"。此后不到一天，我就通过了背景审查。

1

两周后，也就是 2014 年 11 月，我蓄起山羊胡，摘掉耳钉，买了一辆破旧的道奇山羊皮卡，驱车来到了韦恩菲尔德。韦恩菲尔德是一个位于巴吞鲁日（美国路易斯安那州首府）以北三小时车程的小镇，有近 4600 人口。如果你碰巧开车经过这里的话，唯一能记住的就是这里的荒凉。空旷的街道上满是破旧的木房子，偶尔能看到拴着的狗和手提洗衣篮的消瘦白人妇女；街道上有一家墨西哥餐馆，下班回家的司机会在这里用塑料杯喝些代基里酒；一沓当地的报纸，上面有内战时一位将军的头条；一个黑人妇女正在加油站旁边的便道捡硬币。这里 38% 的家庭生活在贫困线以下，家庭平均收入仅 25000 美元。当地居民们颇感骄傲的是1940 年以前，韦恩菲尔德出过三位州长，其中一位是休伊·皮尔斯·朗 ①。他们感到没那么骄傲的，就是上一任的警察局长，他因为涉毒入狱。

韦恩监狱距离小镇 13 英里，坐落在吉赛奇国家森林公园中部，

---

① 休伊·皮尔斯·朗，美国政治家，曾任路易斯安那州州长 (1928)。他任州长期间提出了宏伟的公共工程计划和福利法案，例如兴修通往贫困地区的公路、建立免费医院、实施教科书免费法等，他还在参议员任内提出了分享财富计划。后遭暗杀。——译者注

占地 60 万英亩，里面种有黄松，道路上时常尘土飞扬。2014 年
12 月 1 日，我开车穿过浓密的森林，监狱的水泥建筑和瓦楞敞篷
在薄雾中随即显现，要不是挂着牌子，人们很可能将其误认为一
座工厂。在道路一侧立着一块大牌子，就像那种在郊区工业园里
随处可见的牌子，上面有 CCA 的公司标志，字母 A 缺了一块，
看上去像一个尖叫着的秃鹰的头。

在大门口，一个 60 多岁腰间配枪的女狱警把我拦下，并让我
下车。一个高个子且神情严肃的白人男子，带着一头德国牧羊犬
钻进车内。我的心怦怦跳了起来，我的车座上放着一台相机。我
告诉那位女狱警，我是新学员，来这里进行为期四周的培训。她
对我指了指监狱围墙外的一栋建筑。

当我通过大门的时候，她说：*孩子，祝你今天好运*。我总算长
出了一口气。

我把车停下，然后坐在车里。旁边车的前座上，一位女狱警
正对着遮阳板的镜子化妆。还有一家人坐在四门轿车里，也许正
在等着见围墙内的家人，他们的腿懒洋洋地悬在车门外。在我前
面是两排高高的、用铁链圈起来的围篱，上面有铁丝网。一只猫
缓缓穿过空旷的便道。这些建筑物中露出了一个金属的教堂尖顶。
又密又高的松树环绕着整个院子。

我下车穿过停车场，想象着瞭望塔上的狱警这时正在注视着
我。监狱的人力资源主管上周告诉我，公司的一位主管雷恩·布
莱尔曾经打电话询问过我。她说这种情况很少见，因为公司很少
会对某个学员感兴趣。从那时起我就想，公司的高管一定已经知

道了我的身份。我走进教室，里面没人。我在教室坐的时间越长，就越确信这是一个陷阱，如果他们来抓我怎么办？

这时进来了一个黑人学员，挨着我坐下后向我自我介绍，他叫瑞诺兹，19 岁，刚从高中毕业。

他问：*你紧张吗？*

我说：*有一点，你呢？*

我不紧张，我来过这里，也见过杀人，我的叔叔杀了三个人，我的兄弟和堂兄也都进过监狱，所以我不紧张。

他说离大学开学还有几个月，家里也有个孩子要抚养，他还想在车里添置音响，而这一切都需要花钱，所以他只能暂时来这里找份工作。监狱招聘官说他可以在休息的时候过来，所以这些天他可能会天天来，他说：*这里的报酬还不错*。说完，他低下头开始打瞌睡。

随后又陆陆续续进来几个学生，人力资源主管也来了。她批评瑞诺兹打瞌睡，还说如果我们能介绍朋友来工作，就可以得到 500 元的奖金，听到这里瑞诺兹立刻精神起来。她又提醒了大家一些注意事项，比如不能吃犯人的食物；不能和犯人发生性关系，否则将被罚款 1 万美元或者被判处 10 年劳教；尽量不要生病，因为生病期间拿不到工资；如果有朋友或亲戚在此关押，需要汇报。她给我们发了冰箱贴，上面有热线电话号码，有犯人自杀或者和家人发生冲突时可以拨打。此外，我们还可以获得三节免费的咨询课。

人力资源主管开始播放公司 CEO 的视频录像，我认真地记着笔记。CEO用一种鼓舞人心的语调告诉大家做惩教官前途无量。他本人就是大家的榜样，从底层一步一步走来。（2018年他年薪400万，是美国联邦监狱局局长收入的20倍）。他说：*你也许是CCA的新人，但是我们需要你，需要你的热情，需要你的想法。在这里我感受到了情谊，也感受到了焦虑，这都很正常，此外我感到无比兴奋。*

我环顾四周，在座的各位——一位高中毕业生，一位沃尔玛的经理，一位护士，一位在麦当劳待了11年的单亲妈妈，一位曾服过役的军人——没人表现出兴奋之情。

一位邮局的工人说：*我可不兴奋。*

片子播完了，一位30多岁、睫毛很长、指甲精心修剪过的黑人妇女出现在前排。她是这次培训的主管，名叫布兰查德。

她问我们片子里讲话的是谁，我说是CEO。

她又问：*CEO叫什么名字？*

我不知道。

她看着我就像小学生没有认真听讲一样。*课程结束后要考试，你们得知道这个啊。*瑞诺兹抬起头来说：*还有考试啊？*

CEO的名字是达蒙·海宁格，此外还有三位奠基人，托马斯·比斯利、唐·霍顿和科瑞慈。

她又放入一盘录像带。

霍顿和比斯利在录像中讲述了公司是如何起家的。他们回忆说，1983年他们签订了世界上第一个建立惩教机构的合同，负责机构的设计、建造、融资和运营。美国移民归化局仅仅给了他们

90天时间。霍顿看起来比较瘦弱，头发花白，戴着一个超大的眼镜，微笑着将双手交叉在胸前，给人的印象就像是一位喜欢和孩子们玩游戏的慈祥祖父。他讲起签订合同的故事，则像是一个老人在回忆自己高中的时候，如何一分一秒最终获得了棒球比赛胜利。为了赶时间，霍顿和比斯利试图说服休斯敦一家汽车旅馆的老板将旅馆租给他们，后来直至雇用了老板一家人，交易才成交。他们很快在汽车旅馆周围建起20英尺高的围墙，并在上面加装了盘绕的铁丝网，旅馆的牌子也随之被扯掉。霍顿回忆说："最后在1月底的超级碗星期天①，我们终于开张了。那天晚上十点，我们开始接收犯人。我给他们拍照片录指纹，然后由其他人把犯人们带到牢房，那天一共接受了87个非法移民。"两个人说着咯咯笑了起来。

比斯利认为利用监狱营利是新颖有创造性的想法。而从霍顿的谈话中，我能感觉到，他认为从犯人身上赚钱和过去逼迫黑人摘棉花的想法并无二致。

---

① 超级碗（Super Bowl），美国职业橄榄球大联盟（即美式足球）NFL的年度冠军赛，胜者被称为"世界冠军"。超级碗一般在每年1月最后一个或2月第一个星期天举行，那一天被称为超级碗星期天（Super Bowl Sunday）。——译者注

2

　　一个白人骑着马，手拿来复枪，望着一望无际的棉花地。四队猎犬趴在地头。其中一条狗带着金色的牙套，以此证明这是条能追回逃犯的好狗。黑人们站成一小队，弯腰摘着棉花。那个白人听不清这些黑人在唱什么，但他曾听过这些黑人唱歌。干活的时候有人唱起来："老主人啊，别打我，我给你半美元。"另外一群人也跟着唱起来了："强尼不要瞎扯，强尼不要瞎扯。"

　　主人和女主人坐在客厅
　　强尼不要瞎扯，强尼不要瞎扯
　　商量让工人干更多的活
　　强尼不要瞎扯，强尼不要瞎扯
　　主人和女主人坐在客厅
　　强尼不要瞎扯，强尼不要瞎扯
　　主人让女主人拿起那半美元
　　强尼不要瞎扯，强尼不要瞎扯
　　"哦，我不想要他的钱，倒想听他发牢骚"
　　强尼不要瞎扯，强尼不要瞎扯

阿尔伯特·瑞斯·桑普尔是第一次摘棉花。他之前在母亲所在的妓院里打杂——擦皮鞋、跑马戏团、抛骰子、打扫房间，但从来没有在地里干过活。他和棉花的唯一联系来自他的白人父亲，他的父亲是一名棉花商，曾是他母亲的嫖客。

桑普尔和其他人站成一排，将棉桃一一摘下，丢进身后的布袋。白人总管让那些摘得最快的人当队长，让其他人拼命追赶进度。当桑普尔从棉花枝上摘棉桃的时候，队伍中的其他人已经在他前面 20 英尺的地方了。一个叫"神枪手"的总管牵着马来到桑普尔身边，监视着他的一举一动。

桑普尔从小在母亲的妓院里长大。小时候他曾把走私来的酒卖给那些在妓院里赌博嫖娼的男人们。他在地上练摇骰子的技术，学着如何迷惑人们下注。他的母亲也喜欢玩骰子，有一次在玩骰子时，母亲吩咐他去拿一摞硬币。桑普尔跟母亲说硬币弄丢了，母亲于是一巴掌扇在他的嘴上，他的一颗牙齿差点被打掉，而他的母亲转头又玩起了游戏。他一气之下搭上了一辆驶出小镇的火车，一路上靠沙丁鱼罐头、从饭店偷来的食物，或是到赛马场偷东西过活。

摘棉花和偷东西一样，是一个需要花时间掌握的技术活。一次抓的太多，手指会被棉桃的花托刺得生疼。抓的太少，就只能扯下来几绺棉花。桑普尔越想多抓，掉的棉花就越多。掉的越多就得花更多的时间把土、叶子和茎秆儿拣出来。"神枪手"吼了起来："黑鬼！你最好把袋子装好再往前走。"

桑普尔背疼得厉害。

最后老板让大家把各自的布袋拿到前面称重。这一队的队长捡了 230 磅棉花。有个人只捡了 190 磅，"神枪手"就冲他大吼起来。桑普尔把麻袋放在秤上，总管司慕希立刻吼了起来："妈的！只有 40 磅！你能相信吗？""神枪手"面露凶光："主管，我一个月的工钱不要了，给我 5 秒钟，让我把这个狗娘养的干掉。"他用枪指着桑普尔，把子弹推上了镗。其他等着称棉花的人吓得纷纷后退。

"别！"总管司慕希说，"这个狗娘养的还不值你那一匣子弹。别再弄脏了我的靴子。""神枪手"放下枪："黑鬼！你是从哪里来的？我猜你是从城里来的，能偷东西却干不了活！你说你到底是从哪儿来的？"桑普尔刚要回答，"神枪手"就冲他大喊："我说话的时候，闭住你那臭嘴。"

桑普尔被罚不准吃饭也不准喝水。"黑鬼，赶紧他妈的摘棉花去。"

这一年是 1956 年，奴隶制已经废除了近一个世纪。桑普尔因为抢劫罪被判处 30 年监禁。在得克萨斯州，所有的黑人犯人以及一部分白人犯人，被强制从事无偿种植劳动（大多是在棉花地）。从桑普尔被关押到 20 世纪 60 年代，监狱农场每年平均为该州贡献 170 万美元的收入（相当于 2018 年的 1300 万美元）。从全国范围来看，供养一个犯人每天需要花费 3.5 美元。但是在得克萨斯州，供养一个犯人每天只需花费 1.5 美元。

得克萨斯州的监狱系统就像美国南方的监狱系统，直接从奴隶制时期发展演变而来。内战结束后，得克萨斯州的经济一片混乱，种植甘蔗和棉花的农场主遭遇人力短缺的困境。值得庆幸的是废除奴隶制的宪法第 13 条修正法案中有一个法律漏洞。法案规定，美国不存在奴隶制或是非自愿奴役，除非是因为犯罪而导致的惩罚。只要黑人被判有罪，得克萨斯州就可以将这些犯人租给那些种植棉花和甘蔗的农场主，以及那些经营伐木场、煤矿和修铁路的公司。废除奴隶制后，得克萨斯州实行租借犯人劳动制度长达 50 年，那些私人农场和公司从犯人身上大获其利。州政府还在 1899 年至 1918 年陆续购置了 10 个种植园，让犯人们到那里劳动。

不可否认，强制劳动力的生产效率更高。强制劳动力每小时摘的棉花比普通农民多 75%。20 世纪 60 年代，得克萨斯州监狱农场的产量要高于那些普通农场的产量。原因很简单：酷刑之下的人们干活儿更卖力。1941 年之前得克萨斯州的监狱允许使用鞭刑，其他州晚些时候才禁止使用鞭刑，阿肯色州直到 1967 年还在使用鞭刑。即使是废除了鞭刑，监狱也能变着法子让犯人更卖力地干活儿。1956 年桑普尔参加摘棉花的第二天早晨，因为没有摘够棉花，他和其他 8 个人就被带到了一个 4 英尺 ×8 英尺的水泥钢筋小屋接受惩罚。地板中间有一个 50 美分大小的孔，用来上厕所。空气中弥漫着腐臭的气味，一群人的呼吸几乎耗尽了狭小空间的氧气。桑普尔在回忆录中写道："9 个人身体扭曲地挤在一起，就像是粪坑里的蛆。"如果有人占了太大的空间，就会爆发一场争斗。他们整夜待在狭小的空间里，只能轮流躺会儿，其他人只能站着或蹲着。第二天一早，他们又得直接到棉花地里干活。

经过来来回回几次关小屋，桑普尔摘的棉花达到了 100 磅。这时惩罚又来了新花样：上镣铐。第一次被上镣铐时，狱警让他站在地上，用链子先把他的右手腕紧紧卡住，然后又铐住他的脚。接着，狱警把链子绕在桑普尔头顶的梁柱上，然后把链子固定在他的左手腕上。其他人则吊在他的旁边，一个小时以后一些人开始呻吟。桑普尔胳膊酸痛，嘴唇紧咬不敢发出声音。其他去食堂的犯人路过这些吊着的犯人时，都不敢正眼瞅他们。后来灯光熄灭，夜晚悄悄过去了。6 个小时后，一个吊着的犯人开始剧烈地抽搐着往下倒去。他用脚使劲抵着其他犯人，想把身体从镣铐上稍微松一松，可是发现这并没什么用。他咬住手腕，就像是掉入陷阱里的动物想要咬断自己的爪子。另一个犯人大声呼叫狱警，狱警往那个抽搐的人身上泼水，直到他停止抽搐。第二天早上狱警给他们松开镣铐，又把他们送去了田间劳动。

随着时间推移，桑普尔变得越来越瘦。他时常因为没有完成劳动量而被罚没饭吃。经过几次关小屋和上镣铐，桑普尔采棉花的技术大大提高。正如一个狱警所言，"饿到胃痉挛的人"采棉花速度会大幅提高。

正是在这种大背景下，CCA 的奠基人霍顿学会了如何运营监狱。1967 年霍顿成为拉姆齐监狱农场的监狱长，这座监狱农场离桑普尔所在的监狱不远。霍顿曾是一个农场主，他学过历史，也曾在部队待过两年，还在华盛顿的美国大学做过研究生教育工作。拉姆齐农场监狱和桑普尔所在的农场监狱差不多。除了废止了鞭刑，惩罚的方式和劳动的形式和 1913 年开设的农场监狱没什么区别。两家农场监狱唯一不同的就是规模：拉姆齐监狱农场大小和曼哈顿差不多，面积是桑普尔所在监狱农场面积的两倍，劳动的犯人有 15000 人之多。在拉姆齐农场，霍顿学会了如何将监狱当作赚钱的工具，他为此不择手段，大获其利。奴隶主通常会在奴隶中选人来管理其他奴隶。霍顿也学会了这招，他选定某个犯人，让他管理和惩罚其他犯人。这些人用暴力的手段控制着监狱的生活区，有时不惜用武力逼迫其他犯人就范。通过这种手段，霍顿减少了雇用狱警的费用，减少了监狱开支。

1967 年霍顿和家人到农场安了家。当时披头士的单曲《你所需要的只是爱》热播，霍顿一家一边听着歌，一边享受着"家仆"给他们做饭上菜。这些家仆就是犯人，通常是黑人。他们为"家主"整理床铺，打扫房间，照顾孩子。得克萨斯州惩教局的员工甚至把拥有犯人家仆作为一项员工必不可少的福利。

惩教局对使用家仆的规定也引发了主人的担忧。规定禁止霍顿的妻子与这些家仆交谈或是过分熟络。家仆不可以洗她的内衣，他们还被禁止与主人坐在一起听广播或看电视，以防行为不端。主人也被禁止与家仆开玩笑。霍顿掌管这座监狱农场有 10 年之久，在他掌管之下，监狱农场获得了更高的利润。十几年后，霍顿离开监狱农场，创立了 CCA，把奴隶制发扬光大，并开启了新篇章，而白人也继续创造出新办法，利用犯人攫取利益。

3

　　第二天早晨我六点起床。我的住处位于纳契托什小镇的西布利湖旁边。纳契托什有 1.8 万人口，距离韦恩菲尔德有 40 分钟的车程。我决定住在这里是想尽量减少与其他狱警接触的机会。吃过早饭，我发现外面下起了小雨。我心中忐忑地把录音笔放到口袋里，然后将咖啡倒进不锈钢的热水瓶里，而在瓶盖上，有一个隐藏的摄像头。我不知道这些设备如果被发现该怎么办，但是这样的冒险是值得的，要知道记者光靠记忆可不行。

　　上班的路上，我的车前机盖忽然开始冒烟，发动机也打不着了。我一下子焦虑起来，因为公司告诉我们，迟到的性质就和从公司偷东西一样。我会不会被罚？我站在雨中伸手求援，几辆卡车和警车与我擦身而过。我在雨中全身湿透，才终于等到一辆皮卡车在我旁边停了下来。我坐进了后座，发现副驾驶位上有一位少年。我告诉他们今天是我第二天去韦恩监狱上班。

　　司机听罢说道："我认识那儿的几个人。有不少好人被冤枉，有不少坏人却逍遥法外。"正说着，他突然被路边的一些东西吸引，转而问道："那是黑鹅还是鹅？"

　　"我觉得是鹅。"少年说完，往塑料杯里吐了口口水。

　　司机往后靠了靠："你挣多少钱？"

我说："挣得不多，1小时9美元。"

他说："我倒希望一小时挣上9美元。"他说他有个堂兄在韦恩监狱工作，但只干了一个月，"那儿的人总是辞职"。他让我在门口下了车。

我溜进教室时发现老师还没有来，瞬间松了口气。其他人正在看一部关于使用武力的教学片。一个男人在电视上说："四十个犯人对一个狱警，这可不妙啊。在阿拉莫（得克萨斯州地名）不行，在这儿也不行。"片子播完的时候，一个中年黑人老师走进了教室，他黑色的工作裤塞进了锃亮的黑靴中。他叫塔克，是SORT（监狱特殊行动小组，类似于监狱特警队）的负责人。而我放在桌上的录音笔正在录音，热水瓶盖上的摄像头正对着塔克。

塔克身材高大，脸上面无表情，他问："如果有犯人冲你吐口水，你该怎么办？"一些学员说他们会记录下来。有一个在监狱工作了13年、正在参加年度再培训的女员工说道："我想打他一顿，这取决于摄像头在哪儿。"

塔克停了一下，环顾四周看是否还有其他的回答。"如果你是那种有人冲你吐口水，你就要暴打对方一顿的暴脾气，那你就暴打对方好了。"他一边慢慢踱步一边说，"要是有犯人打我，我会立刻还击，我才不管什么摄像头。如果有犯人冲我吐口水，我就让他一天都不好过。"塔克说，任何冲突发生的时候，我们都应该呼叫后援。"就算是个矮子吐你，你也应该叫后援，千万不要和任何人单打独斗。就是这么个处理方法，不管你能不能打得过他。你要打不过矮子，就叫我，我会帮你，咱俩把他打得屁滚尿流。"但是打犯人的时候,首先要确保铐住犯人的手,让他无法还击。"如果看到我在给犯人上手铐,你可别管闲事儿。"

"另外最重要的就是我们要立场一致。如果你是狱警,即使错误全在你,在现场我还是会站在你这边。"

塔克又问:"如果我们看到两个犯人互殴该怎么办?"

一个学员说:"我可能会叫人。"

那个老狱警说:"我会坐在那里大喊让他们住手。"

帕克指着她说:"太对了,就要这样做,他们要是不听的话,你也做不了什么。"

他把手环做喇叭状放在嘴边说:"别打了,我让你们住手。"他的声音中透出漠不关心。"他们要是还打呢?"他做出夺门而出、摔门而去的样子。"你们这些混蛋打吧。"他转向我们说,"有些人会赢,有些人会输,也可能两败俱伤,但是你做了该做的吧?是呢!"大家爆发出一阵笑声。如果想要阻止打架,我们也能做到,但是我并不建议这么做。他强调说:"你们挣的钱又不多,加薪也涨不了几个钱,所以最重要的就是每天能够平平安安回家。如果这些疯子想要互砍,那好吧,让他们砍去。"

我举手提问:"犯人打架,我们为什么不用胡椒喷雾呢?"

他说:"你觉得会给你们发胡椒喷雾吗?我们没有胡椒喷雾,也没有什么防狼棒,只有对讲机。"

课间的时候我来到厨房,碰到几个比我们先来参加培训班的学员。"你是第一周参加吧?"其中一个人笑着说,"那好好玩儿吧。"据他说,学员们第一周唯一做的就是搜身检查。"真是看够了睾丸和屁股。"

课间休息结束后，塔克来到后门，将门轻轻推开一点儿。我就坐在后门附近。他让我想象一下，如果有四个犯人要劫持教室里的人，劫犯进入教室的时候，当事人发现门是破的。"你会不会从这扇门里跑出去，把我们留在这里？"

我紧张地笑了笑。

"笑什么？赶紧回答问题。"

"嗯，不会的，我不会把任何人留下的。我要是跑了，劫犯可能会惩罚留下来的人。"

"你有孩子吗？"

"没有。"

"家里有其他人吗？兄弟姐妹？你难道不考虑这些吗？你又不是我兄弟，我又不认识你，那就溜之大吉。就算我离开了，你们肯定会遭殃，但至少我安全了啊。"

他教我们遇到劫持该如何应对。首先要保持镇静并配合劫匪。"劫匪的问题就是你们的问题，他们身上有文身的话，猜猜要怎么做？"塔克表现出"去他妈的警察"的架势。我们要和劫匪保持眼神的交流，因为一旦人与人之间的联系建立起来，他们伤害我们的可能性就会降低。我们也要保持警觉，防止斯德哥尔摩综合征①。"如果他们对你仁慈，你就会陷入一种境况，不想让警察介入并做出伤害劫匪的事情，这样不管是出于什么原因，大家在这种紧张的状况下就建立起一种共同的联系。"

---

① 斯德哥尔摩综合征，又称人质综合征，是指被害者对于犯罪者产生情感，甚至反过来帮助犯罪者的一种情结。——译者注

但是也不必过于担心，塔克继续说。他拿起桌上的手榴弹和催泪瓦斯说："也许有一天会用上这个玩意儿，比如吃饭的时候只有两个狱警看管八百个犯人。今天上了这堂课，你们就知道怎么做了。"他给每个人发了一张自愿参加催泪瓦斯演练的声明，需要本人签名。"有人患哮喘吗？"塔克问。没人举手。"上一堂课两个人患有哮喘，可我一样还是会喷他们的。"我们会喷患哮喘的犯人吗？答案是肯定的。

他把我们带到草坪，让我们胳膊相连站成一行。他测了一下风向，然后扔出来一枚催泪瓦斯。烟雾慢慢升腾起来，就像是坐飞机时看到的云。烟雾飘散过来，这时候我们要做的就是保持镇静，待在原地直到烟雾散去。我紧闭双眼，喉咙突然像着了火一样。我拼命想要呼吸，却几乎要窒息。我听见塔克冲着一名四处乱跑的学员大喊："别跑"。我情不自禁弯下腰来想要呕吐，嘴唇上全是鼻涕。我听见一个女人正在哭喊，瑞诺兹在一旁呕吐。当我们终于又能呼吸的时候，我左右两边两个女人拥抱在一起，我也想和她们拥抱在一起。三个人笑着，眼泪不约而同地流了下来。

另一位教官肯尼，是一名40多岁、脸部微胖的白人警官。他戴着一顶棒球帽，帽檐压低，帽舌卷下来紧贴着头。肯尼在这里工作了12年，把犯人们看作是"顾客"。他说CCA是个好地方，在这里工作要识时务。"我无意冒犯任何在沃尔玛工作的人，但是如果你在沃尔玛上班的话，你也不知道谁会从大门外冲进来，手里拿着枪或是刀。你在这里可比在外面要安全，我就跟你们说这么多。"

他跟我们说 CCA 的原则就是讲求性价比，这就要求公司给合作伙伴的报价诚实，具有竞争力，同时也要为我们的股东创造价值。他说："惩教局拨钱让我们去管理监狱，也会留一部分用来打官司，如果我们超支了，结局就和其他行业一样。我们有 60 多家这样的监狱，如果韦恩监狱不赚钱的话，猜猜会怎么样？那我们就没工作了。性价比也意味着我们不能让犯人浪费纸张，不能让他们随便洗衣服。公司受损失，我们也受损失。没有公司就没有我们。"

肯尼严肃又冷酷。他说他过去爱发脾气，但是现在也在学着控制。他周末去钓鱼，每天早晨开车上班的路上做祷告，他认为这些可以帮助他释放压力。他过去曾在夜店里玩摇滚，现在只是玩玩鼓。晚上等妻子睡后，他才开始写报告。如果有犯人对他油嘴滑舌，或者是没有整理好床铺，他就把那个犯人扔进禁闭区杀鸡儆猴。有规矩就要遵守规矩。有些事情如果他能做主，他会确保犯人的合法权益。他对自己能秉持公正颇感自豪，并提醒我们说："这些犯人都不坏，每个人都应该有改过自新的机会。"

但是我们也不能让犯人忘乎所以。"当你和犯人交流太多甚至畅所欲言的时候，也是你下岗的时候。"他说，"你知道有些犯人很聪明又受过教育，我认识一个犯人，人很聪明，或许还读过书，但欠缺常识。他本该以犯人的身份和我交谈，而不是以同事的身份，所以你得时不时敲打一下他们。他和你争辩就是对你不屑。不管他有多聪明，或者是他取得了什么学位，或者是他为谁工作，犯人就是犯人。"

"做这份工作你思想上得做好准备。"肯尼说，"相比体力，我们更应该在思想上做好准备。"他在黑板上写了"控制"这个词。

"他们也不是无缘无故就被称为犯人。"肯尼说，"为了能在心理上控制狱警，他们首先要和狱警培养关系。"他指指我戴的迷彩帽，"如果我是犯人，那么这就是我要关注的点。嗯，你喜欢打猎吗？你是不是经常熬夜蹲守？这就是他们的突破口，我们可能只是随口一回答：'嗯，是的，我喜欢打猎。'他们就会不断试探，并竭尽全力讨你喜欢。不要和他们过多交谈。有些人会通过提供帮助的方式来控制我们，比如帮忙推拖布桶或者是帮忙拿包。不要让犯人和你太亲近。我们也要警惕有些犯人一边恭维奉承你，一边又抱怨其他长官。他们想挑拨离间。有人可能为了巴结奉承你以达到不轨的目的，就打其他犯人的小报告。你们知道在什么事情上犯人能神不知鬼不觉地控制我们吗？"

"人总是很容易被性所诱惑。"他说，"我不管你们是不是结婚了，在这个问题上都应该留心。之前有人竟然和犯人搞到了一起，最后沦为受害者。我们时常会遇到这样的诱惑，有人给你写情书，或者夸你长得好看。"

"有一个女狱警和一个在厨房干活的犯人约会。另一个在厨房干活的犯人说：'他能找女朋友，我也要找女朋友。'这个女狱警担心第二个犯人会告发他，所以就和第二个犯人发生了性关系。之后第三个犯人说：'她能和他俩在一起，也能和我在一起！'你猜怎么着？她又和第三个犯人发生了性关系。过了一阵，竟然有十个犯人和她发生了关系。'猜猜我们是怎么发现的？'"肯尼拍了拍手说道，"这十个犯人相互打起来了。事情总有败露的一天。"

据肯尼说，他做监区主管的时候，看不惯一个女警。很多犯人也不喜欢这个女警，有一个犯人甚至放话要让这个女警滚蛋。他说有一天这个女警在工作间睡着了，却忘记把监区的一道门关上。这时有一个犯人偷偷溜了进来，掏出他的阴茎，在女警身侧极尽其能一番摆弄。等她醒来以后，也搞不清到底是谁把她衣服背后弄得乱七八糟。不久这个犯人被释放，就写信让监狱回看那天的录像。监狱回看录像后，便开除了这名女警，原因是她工作时间睡觉而且没有关闭监区大门。

肯尼说到那个告发的犯人："我们也拿他没办法，这件事就这样不了了之，而犯人也被释放了。"我笑了笑，感觉有点儿诡异。我不希望有任何不好的事情发生在别人身上。这件事对我印象深刻，如果 CCA 报道了这件事情，很明显这会被认定为一桩性骚扰案。但是肯尼说："我们正好看不惯这个女狱警，恰好此时又出了这么一件事情，所以就坐享其成了。"

肯尼说他也在招聘委员会任职，这多少让我有些紧张。他对全班人说："我不知道你们为何来这里，但是你们中间可能有人会和犯人勾结。也许是贩卖毒品。"今天他当着全班的面第三次问我的名字。我告诉他以后，他就在黑板上写了"鲍尔"。"我的工作既要监督犯人，也要监督员工。我就是个狡猾的大管家。"他转过头来直直地看着我的眼睛，"我不知道你的名字吗？其实我知道你的名字，我只是在和你开个玩笑。"我感到脸唰地一下子红了，却只能紧张地笑了笑。"他们耍把戏，我也耍把戏，我要看看员工的忠实程度，我要把我看到的告诉监狱长，这是游戏，也是工作的一部分。"开车回家的路上，我认真梳理着各种可能性，想要搞清楚肯尼到底玩的什么把戏。

一天早上我们等着上课的时候，肯尼就坐在我后面几排的位置上，我能够感觉到他在看着我。我是班里唯一拿着笔记本的人，本子上写满了笔记。我把热水瓶的盖子拿下来，喝了一小口里面的冷水，装出心满意足的样子把盖子又盖上。盖上的时候，我把盖子上的小孔转到了后面，我担心肯尼犀利的眼光会发现上面有一个微型摄像头。我有点儿心虚。

布兰查德小姐走出办公室的时候，透过大窗户，我看到她工作间里到处是蓝色的海豚：玻璃海豚，海豚贴纸，海豚图画，海豚瓷器，还有金属海豚像。她问塔克是不是说了冒犯我们的话？是不是说了很多脏话？因为班里有人觉得塔克说话太粗鲁，所以退出了。一个女学员对此不屑笑了笑说："你要真是基督徒，也不必来这里，这儿也不适合。"

塔克让我们靠墙站立。他说在监狱工作难免会感到恐惧。大家都会感到害怕，只有犯人和那些不该出现在这里的人才不会感到害怕。我瞥了一眼肯尼，他脸上的神情不可捉摸。

塔克拿出一把红色的塑料刀，要求我们选一个对手进行自卫练习。我鼓起勇气抓起一把塑料刀，径直走向了肯尼。按照教学要求，我把刀举过头顶，缓缓向下挥，模仿袭击的动作。肯尼用手使劲儿砍我的前臂，嘴唇紧闭，直视我的眼睛。当我俩进行练习的时候，我们都直视对方。我的胳膊阵阵作痛。当我们角色互换以后，我直视他的眼睛，一次又一次使劲儿击打他挥舞刀的手。过了一会儿，我的动作变得僵硬起来，他的动作也变得迟钝了。他眼神迷离，看向我的身后，我也看向窗外。我们之间的紧张情绪终于有所缓解。

休息的时候，我们走到外边，学员们掏出了烟，肯尼把烟点着，吸了一口，然后走到草地上，远远地看着我们。

学员斯德林小姐看起来有点儿郁闷，因为塔克在课堂上开了她的玩笑，她有些不高兴。她长得很漂亮，像个时髦的高中女生。20多岁，皮肤白净，身材娇小，长发乌黑。塔克在自卫练习中嘲笑她。她说她不喜欢这些练习，尤其是练锁喉，因为这让她想起孩子的父亲。他经常在屋后的工具间里吸毒，有一次把她打得胳膊和膝盖都脱臼了，"你知道脖子后面的那块骨头吧？他死掐住我的脖子，把那块骨头都按进去了"。

18岁的学员科林斯沃斯安慰她说，如果那个男人进了监狱，我们让他"生不如死"。他的脸白白胖胖的，蓄着小胡子，还留着一簇刘海。来CCA以前他在星巴克打工，后来为和家人团聚，他从其他州搬到了韦恩菲尔德，这是他在这里找的第一份工作。他有些好动，注意力常常无法集中。今天，塔克威胁着要把他踢出教室，还开玩笑地用训练的塑料刀捅他。科林斯沃斯是班里最天真的一个人。他和老学员们讲他的初恋，和瑞诺兹讨论喝sizzurp水（一种混合止咳药水、雪碧、杰瑞硬糖的一种饮料）。因为有随机的药检，所以不能吸大麻，这让科林斯沃斯感到不爽，因为他说吸大麻和见上帝一样过瘾。

他和斯德林小姐比我们早来几个星期，总向我吹嘘他从一些经验丰富的长官那里学到的本领。他说："完成工作最简单的办法就是让犯人们互斗。要是有犯人做了出格的事，另一个犯人说，'你要胆敢惹我，我就强奸你！'或是说，'跟你玩到底。'你就等着瞧好吧。"

科林斯沃斯说：*必要的话我会杀死犯人。要不是因为他们会反击，我对此倒是不觉得有什么。*

有学员说：*你要还是人的话，肯定会对此感到有些愧疚。*

斯德林小姐说：*你究竟为什么去杀人呢？*

科林斯沃斯说：*迫不得已啊。*

杜什女士五十多岁，身材壮实，一头红发。她认为如果孩子们能在学校读《圣经》，就不会来坐牢。但她也会在巫毒娃娃上扎针，对别人施以报复。她说，*我是双性恋*。她比其他学员要更热衷于自卫训练，每次练完常规动作，她都要再多练一组拳击腹部或者是用肘击面。她说她的车里通常放两把刀，包里放两把刀，还有一把刀放在口袋里。她和女儿以及外孙住在野营车里，希望攒钱能买一辆加宽的拖车。

杜什女士在韦恩菲尔德的伐木场工作多年，但是抬木头容易加大心脏和呼吸负荷，从而引发心脏病，而且后来她的哮喘越来越厉害，所以不得不放弃伐木场的工作。她今年几次住院，有一次甚至差点儿死掉。她担心来到监狱工作也好不到哪儿去，有人告诉她如果心脏病发作，监狱的医务室也帮不了她。她从口袋里掏出吸入器，喃喃地说："他们也不让我带这个。"她又长吸一口烟说："我不该抽烟，但还是抽了，他们总不会拿走我的烟吧。"

斯德林小姐问："如果其他犯人拿到这个怎么办？"

她气喘吁吁地笑着说："他们得先找到才行呀，我把它藏在裤子里了。"

杜什小姐和其他几个比我先来的学员去办公室领了两周的工资。回来的时候，科林斯沃斯垂头丧气，因为他两周只领到577美元。"他们扣了我120美元的税。"

"真要命。"

一个学员说："他们说我休息的日子，实际上我都上班了啊，这下没饭吃了。"

杜什女士说她也被扣了114美元。

科林斯沃斯说："扣得比我少啊？！"

她带着唱腔说："因为我结婚了啊，我还有孩子！"

工资拿到手，大家都兴高采烈地谈论起喝酒的事情。肯尼喜欢喝加了肉桂和杜松子酒的龙舌兰。科林斯沃斯喜欢喝啤酒，并且喝完常常和人打架。杜什女士建议要想不喝醉，就先吃点炸鸡。她说："我喜欢喝伏特加、杜松子酒、蜜饯白果酒和'疯狂牙买加'（一种酒饮料），我现在就能喝一杯。"她外表看起来快乐又自信，但心里已经对现实作了一定妥协。她所梦想的加宽拖车现在也变成了普通拖车，等孩子们搬出去，她估算着再攒上5500美元就能买个野营车。

4

霍顿在拉姆齐农场监狱当了 16 年监狱长，之后和比斯利和格兰茨一起成立了 CCA。他在得克萨斯州工作几十年后，全国的犯人数量急剧增长。面对大量涌入的犯人，监狱再也不能像之前劳动营那样运作。虽然一些犯人仍然在干活，而且他们的劳动至今仍然是监狱运行的重要组成部分，但是随着犯人人数增加，从事劳动的犯人比例下降了，监狱变成了收容犯人的地方。大多数犯人无所事事，既没有工作的机会，也没有受教育的机会。为了应对不断增加的犯人数量，国家需要修建更多的监狱，由此也造成了财政的负担。1980 年至 1990 年，美国建造监狱的费用增长了三倍。

1983 年，西点军校的两名室友比斯利和格兰茨看到了其中的商机。全国打击毒品势头正盛，量刑期限增加，检察官处罚更为严厉，各州开始要求犯人至少服刑所判决期限的 85%。在监狱建设的高峰时期，美国一度修建了 600 所新监狱。美国各州每年花费 10 亿美元修建监狱，但是仍然供不应求。能否从监狱中获利？于是私营监狱开始流行。里根政府发布了一份 23000 页的报告，全面建议政府职能向私营公司转移。

比斯利和格兰茨在与共和党总统竞选筹资人交流的时候，萌发了创办私营监狱的想法。Magic Stove 公司的一位管理人员认为这是年轻人挣钱的好项目，既能解决监狱的问题，又能赚大钱。当时比斯利是田纳西州共和党的主席，拥有广泛的政治人脉资源，格兰茨则在房地产方面经验丰富。尽管如此，他们还需要一位有监狱管理经验的人，最好是有过运营监狱盈利经验的人。霍顿就是完美的人选。霍顿曾将其在得克萨斯州运营监狱农场的经验运用于阿肯色州的监狱并获利颇丰。离开阿肯色州七年后，他又用了五年的时间运作弗吉尼亚监狱。霍顿同意加入，于是三人成立了 CCA。加入 CCA 不久，霍顿就成为美国最大的监狱协会——美国惩教协会的会长。他利用自己的影响力积极推动监狱私有化。CCA 开设监狱不久，就得到了美国惩教协会的认证。

三人在休斯敦将一家汽车旅馆改造为移民监狱中心后，又建造了另一家监狱。公司开始负责管理田纳西州的一家少年犯监狱和一家成人监狱。1985 年联邦法院宣布田纳西州监狱人满为患，违反了宪法第八修正案中禁止严厉和非寻常惩教的规定，于是 CCA 大胆提议接管整个田纳西州的监狱系统。公司支付 1 亿美元获得了 99 年租期，并且计划投资 1.5 亿美元修建新监狱和改善现有监狱。CCA 提议田纳西州每年给公司支付运营费用。因为公司运营监狱费用低廉，预计可以创造至少 8% 的利润。虽然这项提案没有获得通过，但是已经在全国的政治层面产生了影响力，那就是政府可以将监狱管理外包以节省开支。私有化也给各州实现监狱扩建而不新增债务提供了新渠道。正是在财力紧缩和严打犯罪的双重影响下，公司开始投资建造新监狱，而另一方面法院的判决也源源不断地把犯人送进了监狱。

对于比斯利而言，运营私营监狱很简单："就像是你在卖车、卖房子或是卖汉堡。"公司运营就像是运营连锁酒店，政府要为每个关押的犯人支付费用。早期的投资者包括索迪斯·马里奥特和风险投资人杰克·梅西（曾投资肯德基、温迪汉堡和美国医院集团）。20世纪90年代，公司对犯人数量增长非常有信心，甚至在没有签订合同的情况下就开始新修监狱。2017年，公司有80所监狱，包括州立监狱、回归社会帮扶机构和联邦移民扣押中心。CCA关押犯人常量达到8万人。CCA的主要竞争对手：GEO惩教集团关押人数比CCA多几千人。2018年私营监狱关押犯人人数占到全国犯人总数的8%。

人们也曾质疑私营监狱是否能够节约成本。一项研究认为私营监狱比公立监狱节省15%的费用；而另一项研究则称公立监狱比私营监狱节省14%的费用。通过分析这些相互矛盾的观点，研究者认为私营监狱节约的费用极少。CCA的员工让我看了2013年的报告（这项报告得到了CCA和GEO公司的部分资助），报告中指出，在不降低监狱质量的前提下，私营监狱比公立监狱节约59%的费用。

而美国司法部最近的一项研究则表明，私营监狱并没有大幅节省费用。节省费用的主要方式有：精简员工、减少福利和其他一些与劳动相关的费用。工资和福利占到CCA营运支出的59%。对于那些没有职级的员工，不管他们工作了多少年，工资都是每小时 9 美元。公立监狱狱警的起薪是每小时 12.5 美元。CCA 的发言人说："薪制是依据市场普遍价格制定的。"他又补充道："我们在韦恩提供的工资在当地是相当不错的。"

从 20 世纪 90 年代到 2014 年，考虑到通货膨胀因素，韦恩监狱在每个犯人身上的花费降低了近 20%。韦恩监狱想尽办法降低成本，不仅体现在压缩员工工资方面，也体现在将用工配置压缩到最低。当我向 CCA 的发言人提到这个问题的时候，发言人认为这是陈词滥调，从而否认了这样的说法。他还补充说，认为"CCA 强调盈利而不注重犯人安全"或是"顾客需求"的说法是错误的。

5

    培训第八天，我们来到了榆树区。这个区包括五个关押犯人的单层砖结构建筑。进入监区的时候，狱警要求我们掏空口袋，脱掉鞋子，拿掉皮带。这是进入监狱的标准程序，因为是第一次将录音设备带进监区，我感到很紧张。教官建议我们买手表，这样记录犯人违规的时候就可以保证时间准确。我买了一个带有微型摄像头的手表。我把口袋里的零钱、员工卡和手表放进了 X 光机，然后穿过金属检测仪。一个狱警手拿检测棒在我身上上下扫动，检查了胸部、背部、手臂和腿部。我注意到墙上挂有一个女人的照片，这个女人因为往监狱里夹带私货而入狱。

    我们在门口集中时，一个狱警正透过厚厚的玻璃打量我们，随着他拨动一个开关，门缓缓地打开了。我们进入第一道门，身后的门关闭，前面的第二道门打开。墙上挂着 CCA 的标志，并写有"尊重""团结"的字样，墙上不知为什么还画着两个漂浮在海里的锚。这时又有一道门打开了，我们来到监区的户外地带：步道。

    步道是 T 型的，两边有钢网和围篱。黄线将步道分为三道，我们走在从办公楼延伸出来的中间通道，犯人走两侧的指定通道。除了科林斯沃斯，学员们都有些紧张。早上发制服的时候，科林斯沃斯就异常兴奋，他说如果有天要离开韦恩，就谎称制服破了已捐给别人，这样就能把衣服留下了。

沿路碰到犯人的时候，我装作轻松且毫无惧意的样子跟他们打招呼。有些犯人说早上好，有些则停下来，或是靠在分割步道和院子的围篱上，上下打量着女学员。我们经过一栋楼，发现里面有会客区、医务室，还有门上写着"自由礼堂"的教堂。门外的墙壁上画着一辆战斗机正在向湖中投掷炸弹，溅起的水花很高，一只秃鹰在空中盘旋，背景是美国国旗。

T型步道走到头，向左转，可通往食堂和小卖部，犯人在小卖部可以买些零食、香烟、音乐播放器和电池之类的日用品。

五个监区在步道的顶端，每个监区形状像字母X，短边延伸出小道，小道又与大道连接。每个监区以一种树来命名。大部分是普通监区，犯人可以出入牢房、食堂和电视区。

柏树区是安全级别最高的监区，犯人只能待在牢房里。

山茱萸区关押着表现良好的犯人，他们甚至享有一些特权，如可以看较长时间的电视。这里的犯人可以在金属加工车间、制衣厂或食堂工作。有些甚至可以在前台办公区干活或在围篱外给监狱的员工洗车。

桦树区关押着一些年老多病或是精神有问题的犯人，但是这里并不提供相应的特殊服务。

梣树区和榆树区关押着比较难缠的犯人。

我们进入榆树区，发现这里的地板是发亮的水泥地面，空气中弥漫着一股发霉的味道，就像是烟鬼衣服上的味道。榆树区关押着352名犯人。中间是一个封闭的控制区，叫作"中心区"。

里面有一名管理员，通常是女性。管理员看管着监区 27 个监控画面，并负责记录一些重要事件以及犯人的外出情况，比如去体育馆或教室。在中心区还有一名监区主管，相当于每个监区的"狱长"。

中心区处于 X 型监区的中心位置，从中心区延伸出去的就是 X 的四个边，每边又分为两个分区，两个分区之间有大门，每一分区最多关押 44 名犯人，每名犯人配备有窄床、薄床垫和金属柜子。每个分区前端有两个厕所，每个厕所包含一个小便池和两个蹲坑。还有两个浴室，三英尺高的墙把浴室和普通区域隔离开来。附近还有微波炉、电话和多功能机，犯人可以付费使用多功能机，往移动播放器里下载歌曲，或者是花 30 美分发邮件，但是这些邮件都要经过检查。监区的两个分区都有电视，每天中午电视室里都会挤满了人，因为十二点半电视会播放监狱里最流行的电视剧——《年轻和骚动不安的人们》。

在韦恩监狱，员工和犯人都把狱警当作自由人。大部分的惩教官都是非裔美国人。其中一多半是妇女，甚至很多都是单亲妈妈。但是在桦树区和榆树区，因为要和犯人面对面打交道，所以都是清一色的男性。这些一线的狱警，既是执行人员，又是和这些犯人直接接触的人。他们每三十分钟要进行一次安全巡查，在监区的各部分巡逻以确保安全。十二小时换一次班，每班要清点人数三次。通常情况下，普通监区的狱警不超过两个人，也就是说，一个狱警要管理 176 名犯人[①]。

肯尼和一位身材高大的白人狱警在榆树区等着我们。这名白

① CCA 称，路易斯安那州惩教局认为韦恩监狱的人员配置是合格的。

人警官名叫克里斯汀，他还带着一条牧羊犬。他让女学员站到中心区，让所有男学员靠着浴室和厕所的一边站队。我们戴上橡胶手套，犯人们正坐在床上。头顶的风扇慢慢地转着。屋里开着荧光灯，这里的犯人几乎都是黑人。

克里斯汀告诉犯人，每人只能带一套内衣裤、一双袜子、一双拖鞋和一件 T 恤。一队犯人进入浴区。一个满身都是文身的人，在进入浴区前把脱下的衬衣和短裤递给我。"用一根手指抬起阴茎，转过身去，蹲下，咳嗽一下。"克里斯汀在我背后说。这个犯人行为敏捷地把阴茎抬起来，张开嘴，伸出舌头，转了一圈，屁股对着我蹲了下去，又咳了几声。他把鞋递给我，抬起脚来，让我检查。我检查完后把衣服递给他，他穿上了短裤，从我身边经过时，向我恭敬地点头示意。

就像是在生产线一样，一队犯人从浴室出来，排队进入电视室，另一队又排队走进浴室。"弯腰，蹲下，咳嗽。"克里斯汀慢吞吞地说。他让一个犯人张开手，犯人张开手，里面露出一个手机卡。克里斯汀没收了手机卡。

最后电视室里挤满了犯人。一个狱警看着他们，他指着监区向我们比画，"去搜查吧。" 我们走进监区，来到犯人的床前。女学员也加入了我们。克里斯汀说："搜查八号太好了，他真是气死我了。"他让我们到处搜查。我跟着科林斯沃斯打开犯人柜子里牙膏、面霜和除臭剂的盖子。在一个凡士林盒子里，我找到一个用笔做成的管子。我问克里斯汀怎么办。他拿过去，嘟囔了一声就扔到了地上。我检查了垫子、枕头、脏袜子和内衣，翻到一些孩子和性感女人的照片。然后又开始检查另一张床和柜子，拉面、薯条、假牙、卫生用品、花生酱、可可粉、饼干、糖果、盐、发霉的面包、脏咖啡杯。我找到一本小说《流氓儿童》，上面写着"献给所有追逐梦想的骗子、私生子、苦苦挣扎的人和流氓儿童"。

搜查让我想起自己在伊朗坐牢的日子。放风回来，大家常常发现牢房里一片狼藉，就像是回家后看到家里被抢过一样。虽然有时候并没有丢失书信或书本，但是我感觉受到了侵犯。所以当我翻犯人柜子的时候，尽量把东西放回原处，以示对主人最基本的尊重。

肯尼注意到我的举动，告诉我把东西从柜子里拿出来，堆在床上。我看了一下周围，垫子扔在地上，纸和食物散落在床上。地板中间堆满了走私货：USB 数据线、黄油、奶酪和药品。我发现了几块汉堡。科林斯沃斯让我扔到地上，说汉堡是从厨房偷出来的。他之前搜查过几次，喜欢干这个活，并不停地吹嘘他准备怎样找到"好货"——比如一部手机。对他来说，搜查就像是寻宝一样。

克里斯汀从柜子里拿出一包泡沫塑料杯，重重踩了几脚说："小卖部可不卖这个。"我在柜子后面发现一袋面包和奶酪，趁周围没人注意，就把它们又放回了原处。

犯人们挤在电视间的窗户上，看着斯德林小姐翻他们的东西。虽然还在培训期间，但犯人们已经给她起了个外号：白雪公主。在犯人们的注视下，她感到很不自在，并感觉他们很粗鲁。她曾跟我说，她永远不会给犯人做心肺复苏，也绝不会吃食堂的食物，因为不想"吃出艾滋病"来。我注意到，她和犯人们接触得越多，内心就越挣扎。"我也做错过事情，我不想把每个人像罪犯一样对待。"

她找到一袋泰诺（一种扑热息痛的药品），狱警让她扔出去。她有些迟疑："为什么扔别人的药呢？"

一个女狱警说："我现在就来教教你，你知道他们拿这玩意儿干吗？他们碾碎之后放入小管中吸食。"

我有些怀疑地问："用泰诺吗？"

一个犯人从电视间走出来，想要好好打量斯德林小姐，她冲那个犯人大喊一声，让他退回去。那个犯人照做了。

她随即说了声："谢谢。"

克里斯汀问："她刚才是说谢谢了吗？"有几个狱警在一旁嗤笑起来。

一个女狱警说："别再说谢谢了，那样有失权威。"

克里斯汀爬上椅子，撬开头顶的风扇，伸手掏出一包东西，扔到了地上。后来他打开监区的门走了。其他狱警也扔下东西陆续离开了。看到周围没有管理员和犯人时，克里斯汀从口袋里掏出从犯人嘴里发现的一小包东西。他拆包的时候，我们都凑了上去。他说："我猜是阿普唑仑①。"

一个女狱警伸手去拿那包东西，克里斯汀向后一退，叫道："是我找到的。"

那个女狱警说："嗨，我又没想要你的东西。"

他从包里又拆出一个小包，放在鼻子上闻了一下："嘿，还真是那玩意儿。"他把这包东西传给大家，我们几个人闻了闻，

---

① 阿普唑仑，一种镇静剂。——译者注

味道有点儿像大麻。

他又把这包东西举起来问："还有人要吗？"

培训变得越来越无聊。有时一天上不了两个小时的课，然后大家就坐在那里打发时间，一直得等到下午四点十四分。因为不让带手机和书，所以闲坐在那里很耗人。我们就像受罚的高中生一样，或头枕着胳膊无所事事，或在教室和草地上瞎溜达。年轻的学员吃着糖果，在黑板上乱画。一个叫威利斯的学员在本子上画 713 怪兽。他告诉我，他曾在得克萨斯州立监狱待过七年半。

瑞诺兹问他："你是因为打警察或是什么事进去的吗？"威利斯没说话，但是其他人明显感觉气氛怪怪的。[①] 一个学员打破了尴尬的沉默，说她有个朋友在得克萨斯州监狱工作，工作职责就是确保执行电椅刑的时候，关闭所有的电脑和电子设备，电刑过后再打开。

我大部分时候都不大说话，有次偶然说起到加州自由行。有个学员挥舞手臂喊起来："那你为什么来这儿啊？"我尽量不说谎，就打个马虎眼说些"来这里工作啊"或是"你永远也不知道生活会怎样啊"之类的话，这样也没人会深究。这些学员们很少出远门，最远也不过到过俄克拉荷马州附近；他们说起城镇的大小，都是和当地的沃尔玛超市来做比较的。我在其他方面也比较另类，斯德林小姐时常揶揄我生活方式健康，因为我有时把苹果当零食吃，

---

① CCA 称，韦恩监狱狱警的背景检查也要通过路易斯安那州惩教局，所以他们认为雇用罪犯并不构成安全风险。

或是把西红柿放在三明治里。而其他学员中午一般都吃比萨薯条之类的。

因为老师没有来，布兰查德小姐向我们道歉。她说这些年人员流动快，因为没人替班所以老师们经常无法休假。虽然韦恩菲尔德并不富裕，但是为了一小时九美元愿意干这份工作的人还是不多。布兰查德小姐说："人们对 CCA 评价不高，说我们什么人都雇，可不是这么回事儿，但如果你有驾照又愿意在这儿工作，那我们还是愿意雇你的。"她严肃地看着我们。"九美元并不多，你在麦当劳也能赚这么多，我们想要招的就是那些没有太多家庭负担，平时花费也不是很多的人。你要是想靠九美元来养家糊口肯定不行，你总得花钱加油吧！"在她说这些话的时候，我不知道她有没有意识到，班上只有科林斯沃斯和我没有孩子。

她警告我们说，这里的犯人总会提醒我们每天挣得有多少。"这时候你就要睁大眼睛，接受事实。他们挣得比你多，就让你帮他们做事，这可诱惑了不少人。"

快到中午了，老师还没有来。于是布兰查德小姐告诉我们，可以到教室去看一下学习木工和修管道技术的犯人们。犯人和来探视的家人在篮球场转圈儿，他们手里拿着蛋糕和果汁。一个犯人给了斯德林小姐一条红丝绒带，周围的人或是轻声微笑，或是放声大笑起来。教官对着一个和父母站在一起的犯人说："看到犯人那样的微笑，我感觉自己做的事还是有些价值的。" 身着制服走在犯人们中间，我感到分外惬意。"抬起头来。"一个腿上装着假肢、正坐着轮椅的上了年纪的黑人对我说。他叫罗伯特·斯

考特 ①，入狱已经 12 年。他说："来监狱的时候我还能走路，手指还健全。"我注意到他戴着无指的手套。"一月份腿截肢，六月份手指截肢。我多次去医务室跟他们说：'我的脚痛，我的脚痛。'但他们总说没事儿，不仅不相信我，甚至还对我说：'我不相信你能走到这儿来。'"

他起诉 CCA 玩忽职守，"为了盈利只有最基本的人员配置，犯人们时常得不到医疗救护"。他的医疗记录显示在四个月时间里，他至少九次要求去看医生。他的脚上伤疤累累，肿痛流脓，晚上疼得睡不着。他去了医务室，医务人员只给了他一些鞋垫，去鸡眼的布条，以及布洛芬。有一次他让狱警看他肿胀流脓的脚。斯考特在他的官司中提到，一位护士告诉他："你没有毛病，要是再要求医疗急救的话，就给你写上装病。"他书面请求被送去医院，但是仍然遭到拒绝。

最后他双手麻木，仍被拒绝救治。晚上他痛到夜不能寐，为了缓解一下疼痛，只能坐在椅子上。有一天他筋疲力尽，昏了过去，一头栽在水泥地上，虽然被送到了医务室，但很快又被送回了牢房。他的手指和脚趾开始变黑流脓。周围的犯人觉得他的病会传染。斯考特晚上睡不着，弄得另外一名犯人也睡不着。这名犯人威胁他，如果他不搬到别的牢房里就要干掉他。两人之间的争吵引起了狱警的注意，监狱这才把他送到了当地的医院。

"直到我的腿被截肢，他们都没有向我道歉。还好事情最后得到解决，有人被关了起来。"

---

① 罗伯特·斯考特允许我在文中使用他的真名。

这时随着教官在广播里的一声"会客时间结束"，所有探视人员开始从体育馆的侧门往出口走。等最后一个人走出去，教官喊道："所有的犯人都到看台上。"这时的气氛陡然发生变化，两百多个犯人怨声载道。我突然意识到，除了我们这几个学员，这里并没有狱警。我们站在体育馆的出口，望着黑压压的人群。科林斯沃斯看到有个犯人在抽烟，"我得告诉他把烟灭掉"，然后就径直往那边走。

威利斯说："他走到犯人中间去干什么？犯人们会暴打他一顿的。"科林斯沃斯挤过了人群。

这时一个犯人冲我们阴阳怪气地喊起来："警卫！他需要后援。"我不太确定他说的是真是假。这时候另一个犯人也喊起来："警卫！"

"见鬼！他可能真的需要后援。"威利斯一边说一边朝人群走去。他身材魁梧，显得比科林斯沃斯更具威慑力。瑞诺兹和我紧随其后，三个人这才把科林斯沃斯拉了回来。威利斯对科林斯沃斯说："你要是头儿，可不能莽撞行事。他们会打扁你的。"威利斯在监狱待过，懂的比较多，所以在这里我们都听他的。

科林斯沃斯反击道："我可不担心！"

犯人们开始在体育馆绕圈，科林斯沃斯建议让犯人们都到看台上。威利斯说："不行，我们只有七个人，可看不住这么多混蛋。"

最后犯人们都坐下了，体育场变得安静下来。犯人们都盯着我们，气氛一下紧张起来，一个犯人发出一声毛骨悚然的尖叫，其他犯人都笑起来。

教官让犯人们站成一排。他挨个点名，让犯人轮流进入浴室脱光衣服检查后再回监区。犯人们从我们面前走过时,我严阵以待。有几个犯人围到我和科林斯沃斯跟前,问我们的手表。有几个人凑到我跟前,直直地看着手表上的摄像头。有个带无檐帽的犯人想要买我们的手表,被我直接拒绝,而科林斯沃斯则有些犹豫。

一个犯人问他:"你多大?"

他回答说:"你永远别想知道。"

"老大,你最好能认识一下这里的人。"

科林斯沃斯说:"我知道这是你的地盘,但是我现在正在工作。"

"这也是你一天要待十二小时的地方,你有一半时间和我们在一起。你明白吗?"

"也许是吧。"

"也许不是,不过你要干这苦差的话,你就得一天待十二个小时。"

这个犯人告诉科林斯沃斯,别总是因为小事儿打犯人小报告。"他们又不给你那么多钱。"科林斯沃斯则辩称,只有藏毒之类的严重违纪,他才会打报告。

"毒品?别操心毒品。"这个犯人说,他最近被抓到夹带两盎司的合成大麻。大麻在韦恩是药品,药检也检不出来。这个犯人说,狱警们总是睁一只眼闭一只眼。"他们不会关心这种破烂事儿,我告诉你,你一个人也改变不了什么,你最好能随大流。挣你的工资,混口饭吃。"他停了一下又说,"你看,这份工作还有别的好处。"

"嗯,是啊,我已经看到好处了,我有医疗保险。"科林斯沃斯说。

"我可不是说医疗保险，我是说赚外快。"

"我来这里工作养活一家，就是不被抓，也不能带私货。我挣钱的机会可多的是。"

"不，没机会，我还没听说有人做事低调能被抓，我知道有个人夹带私货，已经有六年了。"他看着科林斯沃斯说，"这事儿容易。"

一个犯人举着讲台穿过体育场。另一个把毕业证扔进了垃圾桶，教官气急败坏地大吼，犯人们仍然挤作一团。有一个犯人大喊："我透不过气来了。"

一个戴着无檐帽的犯人对科林斯沃斯说："你看这乱劲儿，要是在其他监狱，可能还有些秩序，这儿就是乱糟糟的。"

一周后，塔克让我们一早去搜查监区。六点半天还没亮，我们就到了监狱。科林斯沃斯说，有个犯人要买他的表，他开价600美元，那个犯人拒绝了。

斯德林小姐说："别卖给他任何东西。你也许能拿到600美元，但是如果监狱发现了，你就会被解雇。"

"我又没真的卖给他，我说600美元是因为知道他们拿不出来那么多钱。"

"屁话，"威利斯说，"他们给我看过照片，有个人有6000到8000美元存在卡上。"

科林斯沃斯跳了起来说："兄弟，我得找到他们的卡，找到也不能交出去。"

一般来说监狱允许犯人在监狱管理的账户上存钱，犯人可以用卡到小卖部买东西。犯人们的劳动收入也打到这张卡上，如洗盘子两美分一小时，最多也就是在监狱制衣厂工作一个小时赚 20 美分。犯人的家人们也能给他们账户上存钱。

威利斯所指的预付现金卡叫作绿点卡，是非法的货币卡。外面的人在网上买到这种绿点卡，发邮件或是在探视的时候，用一些暗语将账号告诉犯人。一些私自夹带手机的犯人自己就可以做交易，买入绿点卡，购买毒品和手机之类的东西时还可以开票据。

斯德林小姐告诉我们说，有个犯人告诉她卡的密码，以此作为圣诞节礼物，"天哪，我想要新款 MK 手表，新钱夹，新牛仔裤。"

"在山茱萸区一个犯人要给我一沓折起来的百元大钞，就像是这样……"她比画着像是拿了一沓 4 英寸厚的钱，"我什么都没说。"

科林斯沃斯说："我得搜查这小子，我可不在乎他酷不酷。"

斯德林小姐说："他有手机，就是那种——我可没时间藏钱，就放在明处了，我可不在乎。"

塔克让我们跟着他，一早晨都在搜查监区，十一点钟收工的时候每个人都累坏了。

科林斯沃斯说："让我们搜查，我倒不生气，生气的是最后啥也没找到啊。"

克里斯汀今天带着他的德国牧羊犬和我们一起搜查监区，他从口袋里掏出一张纸条，带着炫耀的口气念了一串数字。"绿点卡！"克里斯汀把纸条递给了一个学员——一个中年白人妇女，"给你了，我有很多了。"她有点儿害羞地笑了笑。

6

美国的现代私营监狱始于20世纪80年代，但自美国革命[①]以来，商业利益就一直是惩教行业的重心。殖民时期英国的犯人大量流入美国。1718年英国通过了运输法案，规定被判抢劫、做伪证、伪造文书和盗窃罪的人可以由法院裁量免于绞死，但需"运往美国服刑至少七年"。当时在英国一些轻微的犯罪行为如偷猎鱼或偷银勺也可以被判处死刑，因此囚犯经常乞求被流放到美国。许多贩奴经验丰富的商人把囚犯锁在船甲板下面漂洋过海。当时只有少数公司承揽运输囚犯的业务，英国政府为每名犯人支付5英镑的运输费用。但是这笔费用还不足以吸引商人把犯人们运往大西洋彼岸，所以议会授予承包商可以在放逐期间"使用重刑犯获取利益的权利"。一旦这些承包商控制了犯人，英国政府就放弃了对这些犯人的责任。囚犯一运到美国，商人就把他们卖给私人农场主。犯人们通常会被安排到烟草种植园劳动。农场主更倾向于雇用囚犯与奴隶，因为他们费用低廉，服务时间有限，而且不需要给他们养老。

[①] 美国革命，指在18世纪后半叶导致了北美洲13个州的英属殖民地脱离大英帝国并且创建了美利坚合众国的一连串事件与思潮。美国独立战争（1775—1783）是革命的一部分。——译者注

正如"运输法案"所言，英国放逐囚犯的部分原因还在于殖民地"亟须劳力"，"这些劳力能够促进殖民地种植经济发展，更好地为殖民者服务"。这是一个相对容易管理的劳动制度，政府可以依据殖民地的劳动力需求增减赦免的囚犯数量。英国的重刑犯是继非洲奴隶以来被迫遣送到美国的最大移民群体。1718 年至 1775 年间，超过三分之二的重刑犯从英国运往美国，总共约五万人。十八世纪从英国到美国的移民中有大约四分之一是囚犯。

美国革命结束了囚犯奴役，不久之后改革者开始着手呼吁英国人施加的野蛮惩罚，特别是他们热衷的死刑。托马斯·杰斐逊曾建议，除了叛国罪和谋杀罪之外，对其他罪行都应该废除死刑，而改以刑罚奴役。与革命前不同，这种"奴隶制"将由各州而非私人种植园主管理。早期的刑事改革者普遍认同强制劳动改造。盗窃占男性犯罪的 90% 左右，大多数刑事改革者都是新教精英，他们认为犯罪不是由贫困引起的，而是由于缺乏职业道德。按照他们的逻辑，可以通过辛苦劳动和纪律约束对犯人实施改造。

美国革命结束十年后，宾夕法尼亚州率先践行杰斐逊的刑罚理念，对于较轻的罪行，用"公开场合持续的辛苦劳动，让犯人感到不光彩"来代替死刑。未被判处绞刑的人都被强制劳动，例如推独轮车修建公路、碉堡或是采矿。立法者认为囚犯劳动对普通人也有震慑作用。但这次共和党的刑罚实践并未受到欢迎。犯人们经常喝醉，喧哗吵闹，还有许多人逃跑。有一次在费城的联邦宪法会议期间，一群推独轮车的犯人登上亚历山大·汉密尔顿和他妻子乘坐的马车，并试图抢劫他们。

令共和党人感到烦恼的是强制劳动对美国资本主义造成了威胁。曾经签署独立宣言的本杰明·拉什认为，"公共劳动中使用犯人会使各种劳动都不体面"。 类似于蓄奴州"白人男子将劳动和'黑奴'联系在一起，因此拒绝劳动"，那些目睹罪犯辛苦劳作的自由公民可能会认为劳动本身有辱人格。他写道，这个问题不在于强迫劳动本身，而在于其公共性。他建议建立一个"忏悔之家"，罪犯可以一边反思罪行，一边劳动改造，在公众视野之外"创造价值"。

宾夕法尼亚州于1795年对核桃街监狱进行了翻修，建造了车间和宿舍，还为那些不服管的犯人建了单独牢房，由此建立了新的机构——监狱。它与之前的关押室不同。关押室是判罚之前对违法者进行关押，但并不对其进行长期拘禁的地方。现在法官不再判处犯人绞死、烙印、鞭打或枷锁的惩罚，而是根据罪行轻重判处不同年限的囚禁。监狱因此成为随刑事改革而被发明出来的新手段。

核桃街监狱一开始即把赚取利润视为目标，但是后来并没有盈利。监狱与当地商人签订合同，商人按照犯人生产的产品支付固定的报酬。监狱管理人自行购买原材料并监督犯人织布、缝纫、伐木、锯木、编织、制钉或造鞋。各郡都愿意将犯人送到核桃街监狱，因为依照法律规定，犯人通过劳动创造的利润在派送犯人的各郡之间平均分配。

到1800年，受核桃街监狱启发，其他十个州也建立了各自的监狱。但是许多人对这种新型惩罚方式表示怀疑。在美国东北部，契约奴隶的数量逐渐减少，奴隶制在整个东北地区逐步淘汰的时候，一些人担心监狱会成为一个专制国家将人们引向强迫劳动的新手段。美国革命(至少对白人而言)难道不是为了摆脱奴役？犯人们也开始抵制监狱制度。1797年宾夕法尼亚州扩建核桃街的工厂时，新建筑被犯人烧毁。在其他州，犯人们则通过破坏机器、怠工、罢工和在监狱纵火等方式对监狱制度表示抵制。

在监狱诞生几十年后，质疑者认为这不仅是一次失败的尝试，也没有产生拉什所承诺的收入利润。与此同时，立法者和新闻媒体认为，新一波的谋杀、强奸、伪造和盗窃等犯罪正在席卷全国，而监狱制度则是罪魁祸首。他们认为，监狱把犯人聚集到一个地方，非但没有对犯人进行良好的改造，反而成为教授人们"抢劫邪术"的地方。几个州的立法者一直在争论是否应当废除监狱制度。纽约的立法者提议拆除监狱，让囚犯在西部边境修路。而加尔文派则呼吁回归《圣经》中的处罚方式：放逐、处决和公开惩罚。

监狱系统得以保留也部分归因于东北地区逐步淘汰了奴隶制。白人担心废奴后会出现大量自由黑人，而此时监狱正好提供了管制自由黑人的方法。监狱作为强制劳动的方式，比奴隶制更有效率，而且监狱劳工也能为各州带来利益。废除奴隶制和建立监狱的争论有时是齐头并进的。1817年，一位名叫托马斯·艾迪的纽约银行家说服立法机关逐步解放该州的奴隶。艾迪还说服州政府资助在奥本市(美国亚拉巴马州东部的一个城市)建设新监狱和工厂。废除奴隶制十五年后，纽约五分之一的囚犯是黑人，监狱中黑人的人数几乎是自由黑人人数的十倍。

与其他州一样，纽约也在为监狱资金短缺问题发愁。为了弥补资金不足，1825年奥本市准备将囚犯租赁给私人公司。承包商勉为其难，监狱因暴乱和破坏财物而臭名昭著。几年前奥本市的囚犯在车间里发生骚乱，他们摧毁工具，还放火烧毁了监狱。看到承包商不太愿意租赁犯人，奥本市督察员建议彻底整顿监狱纪律。为了防止犯人采取集体行动，监狱实施了严格的静默纪律，禁止囚犯之间交流。奥本看守长承诺将犯人变成"沉默的工作机器"，让他们白天干活，晚上在牢房对自己的罪行进行反思。美国独立战争后一度废止的鞭刑又由纽约立法机关恢复。犯人私下交谈，打手势或是躲避劳动就都会被警卫施以鞭刑。

1831年，由法国国王委派的亚历克西斯·德·托克维尔和古斯塔夫·博蒙特评估了美国新的监狱系统，并称赞了奥本的监狱模式。他们说，迫使囚犯为私人承包商工作，既可以免除纳税人承担监禁犯人所需的费用，又可以将犯人改造为有生产能力的劳动公民。托克维尔和博蒙特在访问纽约新新监狱后写道，这种鞭挞是一种高级的惩罚形式，因为"它能很快让犯人服法，而且也不会中断犯人劳动"。

监狱秩序在奥本发生了极大的变化。托克维尔和博蒙特评论道："高墙内……死一般的寂静""我们感觉自己仿佛穿过地下墓穴；这里虽然有一千个生灵，却如荒漠般孤寂"。在监狱严控的新形势下，当地制造商在监狱里安装了设备，开始生产工具、步枪、鞋子和衣服。犯人工作一天，承包商向州政府支付的费用大约是他们向自由工人支付费用的一半。1831年，奥本监狱开始盈利。

奥本监狱模式让其他州相信：政府无须放弃监狱系统，而只需对其进行改造。各州可以贷款修建监狱，监狱可以通过出租犯人来偿还贷款。1831年康涅狄格州以奥本监狱为模型，修建了维琴斯菲尔德监狱，创造近8000美元的利润（约合2018年的220000美元）。而巴尔的摩监狱成立三年为马里兰州带来了44000美元的利润（约合2018年的120万美元）。对于承包商而言，监狱劳力表现良好，有的工厂三年内的利润甚至高达150%。

监狱生产私有化促成了美国监狱的第一次繁荣发展。奥本监狱设立二十五年后，至少有十四个州以奥本监狱为范本修建了监狱。监禁开始成为惩教大部分罪行的常用方式，监禁对私人承包商而言意味着强迫劳动。大部分监狱成为颇具规模的知名大型纺织工厂。

托克维尔和博蒙特尽管支持强迫犯人劳动，但却警告不要将监狱完全交给私人公司。法国将监狱私有化，受益于犯人劳动的承包商负有供养照料犯人的任务。而监狱在完全私有化的情况下，"承包商把犯人当作劳动机器，一心想着利益最大化""在这样的交易中，他们只看到了钱""在犯人身上的花费都要精打细算，衣服上多花了钱，那吃的方面就要打折扣；如果生产能力低于预估，他们就会平衡损失，减少在犯人身上的花费"。

可是托克维尔和博蒙特的警告并没有得到重视。不久之后，美国的监狱开始完全由私人公司掌控。

7

第一次来到柏树区时，一个女狱警向我打招呼：*欢迎来到地狱，欢迎来到地牢*。几天后，我跟着科林斯沃斯和瑞诺兹又来到了这里。大门打开后，到处是叫嚷声和拍打金属的声音。警报随即响起，空气中充满了浓浓的烟味儿。

墙上画着一座处于深山密云之中的监狱。雷电击中了瞭望塔，一只巨大的秃鹰，爪子上勾着一副手铐从天而降。监狱走廊的尽头，一个身着黑色特警服的人，手持胡椒弹枪而立。另一个黑衣人把烧焦的垫子从牢房里拖出来。克里斯汀带着德国牧羊犬在走廊里来回巡逻，不断进出牢房。柏树区可以关押 200 个犯人。大多数的牢房面积为 8 英尺 ×8 英尺，可同时容纳两个犯人。这些牢房看起来就像是坟墓，犯人裹着毯子躺在床上，盯着天花板。大多数牢房一片黢黑，只能借着走道里昏暗的灯光照明。在一间牢房里，一个犯人正在厕所洗衣服。

我打开手表的摄像头准备录像时，恍然发现内存已满，原来是我昨天忘了删资料。幸亏我还带着笔记本。老师们建议我们随身携带笔记本，以便能够随时记录。而我也会时不时跑到浴室，把一些事情记下来。

你好啊！ 一个穿着商务休闲服的男人冲我笑笑，握住了我的手。*我是狱长助理帕克，欢迎来到这里。* 他也是刚来CCA，之前在科罗拉多州弗罗伦斯的州立监狱担任狱长助理，那里是全国戒备最为森严、安全级别最高的监狱。*我知道这看起来有点儿疯狂，但是你会慢慢摸到门道，一个小时收拾不完，需要花些时间，但总归会弄好的。* 显而易见，这里时不时会出些状况，所以这也是为什么CCA总部要从其他州调来SORT（特别行动组）处理突发情况。经过训练的SORT要镇压暴动，解救人质，撤离犯人，以及制服具有暴力倾向的犯人。他们使用一些非致命性的武器，比如塑料子弹、电击盾牌、胡椒枪等。

我闻到一股浓烈的粪便味道，在一个监区，地上到处是食物、纸团和垃圾，地上的一个瓶子里流出来褐色的液体。我看到一个烧焦的可乐罐，一个布条就像是一个引信一样从里面伸出来。有个犯人大吼道：*我要捍卫我的权利！没有比这儿更差的地方了，真他妈的一团糟！*

一个SORT队员说：*这就是我们为什么要到这里，我们要改变这里的状况。*

一个犯人喊道：*你能改变个屁！我们没有工作，没有娱乐时间，整天在牢房里坐着。什么都不做，我们能做什么？这就是我们为什么要往监区扔屎。你知道我们还做什么吗？你知道我们怎么让这些监狱的人重视我们吗？我们要么往他们身上撒尿，要么撒在地上，这样他们才重视我们。*

我问柏树区一个身穿白衣服的狱警，平日都要做些什么？他告诉我：*老实说，我们一整天就坐在这里。狱警本来应该每三十分钟巡逻八个分监区，但他们从来没有那么做过。*①

科林斯沃斯脸上笑容洋溢，他正在学着如何把犯人从牢房带到训诫法庭。训诫法庭就在柏树区。他在牢房里给犯人戴上手铐，然后告诉区间另一头的狱警用远程控制将门打开。一个犯人大声吼道：*去他妈的，我才不出牢房，你让 SORT 来把我带走。* 犯人开始敲牢房门上面的金属板。声音响彻水泥过道，我的肩膀紧张到发紧，开始疼起来。

一个白衣狱警跟我说：*就是一群手无缚鸡之力的小孩，只会扯淡，什么都干不了。* 一个女警在中心区来回踱步，等待着狱警到她那里去。她弄丢了一副手铐的钥匙，所以看起来神情紧张，且面露倦意。

科林斯沃斯和一名狱警把一名犯人从牢房里带出来。狱警说：*如果那个杂种敢那样推我，我就让他去吃土。*

我希望他别再添乱了， 科林斯沃斯笑着说，*再闹可就有意思了。*

旁边牢房的一个犯人冲着科林斯沃斯大叫：*为什么不把你的胡子剃掉？再来就弄死你。* 有几个犯人跟着起哄。

一个狱警把一个戴着手铐的犯人交给我，让我把他带到训诫法庭。我用手挎住了他的手肘。向前走的时候，他紧紧地抵住我。

---

① 在我询问 CCA 相关情况前，CCA 说他们并不了解狱警没有巡逻监区的事情。

我了解这把戏，因为我在伊朗的伊文监狱时也这么干过。每当狱警向前推我，让我走更快的时候，我就慢下来，表现出轻微的抵触动作，以此表明我并不那么容易屈服。但我并没有推这个犯人，他却一直推我，我停下来说：*你为什么推我？*他转过身体，和我面对面站着，冲我大叫，一个SORT的人冲过来抓住了他。我的心跳得厉害。

有一个白衣教官把我拉到一边说：*嘿，别受这些犯人摆布。如果他想脱身，你就告诉他，"别抵抗"，如果他不听，你就停下来。如果他还继续，你就踢他的后腿，让他跪下。*

当我返回来的时候，刚才那个向科林斯沃斯大喊的犯人，冲我大叫了起来：*长官，我喜欢你的耳洞，把你的手铐给我！*

一个SORT教官把我拉到一边，把手铐从我手上拿下来，抓住打开的手铐，卡住我的脖子，眼睛紧盯我说：*这就变成武器了。*他告诉我说手铐不用的时候一定要锁住。

午饭的时候，我和科林斯沃斯、瑞诺兹回到教室。科林斯沃斯神往地说：*我喜欢这里，这里就像一个社区。*

如果犯人违反规矩，狱警记录后就会把他们送到训诫法庭。法庭位于在柏树区的一个角落。我们曾去观摩过听证会。安保助理劳森小姐担任法官，坐在法官席上。*虽然在没有证明清白之前，我们以犯人有罪对待他们，但他们实际上是……*她停顿了一下，等着有人来回答这个问题。

一个学员说：*无罪的？*

是，疑罪从无。

这里不是真的法庭，但是也经常要对一些重刑犯的罪行诸如谋杀和袭击进行审判。一般来说在公立监狱，如果一个犯人捅了另一个犯人，就会被带到刑事法院面临新的刑事起诉。而在这里则取决于 CCA 的判决，犯人也许会被转移，但据这里的犯人和警官说，一般都不会转移到安全级别更高的监狱。一些危害性较小的行为通常会被判处在隔离区待一段时间，或者是多服刑一段时间，但如果犯人在服刑期间表现得好，也可能得到减刑。

劳森小姐问一个站在前面的犯人：*犯人律师，被告是否到庭？*

没有，他没来。 在内部审理程序中，犯人律师可以代表犯人。这个代表犯人的律师每年会被送到公立监狱进行集中培训。劳森小姐告诉我，这位犯人律师从来都影响不了她的决定。

缺席的犯人被指控离监狱大门太近。

律师有什么要辩护的吗？

没有。

被告有什么请求吗？

要求判无罪。

特贝先生有罪。

整个审理过程不超过两分钟。一般而言被指控严重违规的犯人，在韦恩监狱 96% 的情况都会被判有罪。

训诫法庭的判决直接反映了 CCA 的底线。2008 年凯尔西·本诺伊特因为服用过量精神类药物和泰诺，被紧急送往医院。医生对他进行检查后，了解到他本人之前曾收集药物，因此认定他是自杀。韦恩监狱的工作人员也知道他过去曾几次试图自杀。但是一段时间后，当他被带到训诫法庭的时候，法庭却宣布他不是自杀，而是自残。这二者有很重要的区别：自杀不受罚，而自残要受到处罚。训诫法庭只用了几分钟就判他有罪，并对他处以 2304 美元罚款，这笔罚款相当于他住院的费用。本诺伊特上诉到惩教局，但是惩教局支持了 CCA 的判罚，于是他再一次上诉。在听证会上，惩教局的律师乔纳森·卫宁称本诺伊特过量服药，"就是为了去医院花 CCA 的钱"。法官不相信律师的话，韦恩监狱的判决才最后被推翻。

劳森小姐又传唤下一个被告。这位被告要求离开柏树区。劳森小姐问：《圣经》读的怎么样了？

是的，我读了。

那你是否记得《约翰福音》书中通奸者被带到耶稣面前时，耶稣说了什么？

我不记得了。

他说：不要再犯罪了。她指着他，让他离开房间。

劳森小姐又传唤另一位犯人。这个犯人是柏树区的勤杂工。他被指控进入未授权地区，因为他从打扫间拿出扫帚，在娱乐时间打扫监区，这一时间不允许打扫监区。这个犯人解释说，是一名狱警让他这么做的。劳森小姐打断了他的话：你还有什么要求？

我猜，你要判我有罪。

你被判有罪，服刑三十天。

天哪！妈的！你延长了我的刑期！他跑出房间，在大厅里吼叫，他们延长了我的刑期！操！监狱里一阵骚动。就因为在错误的时间拿扫帚，这位犯人要多在监狱服刑三十天，CCA 因此可以多得一千美元的补贴。

一星期后，他们让我早上六点去监区，学习如何转移犯人。到了监狱以后，狱警交给我一副脚镣。我努力回忆该去怎么操作：让犯人抬起脚来，如果你弯腰的话就很容易被踢到脸。不要把手铐扣得太紧，但如果犯人叫嚷太紧的话也别担心，他们很快会好的。我走向一名五十多岁的犯人。他患有喉癌，每天都要去做化疗。我拿出脚镣，忘记哪一面应该朝上，忘了怎么操作能确保脚镣不自行卡紧。我停下来想下一步怎么做时，那个犯人笑着看着我。我去拿腰链，这时候他指了指桌上的手铐盒提醒我，我忘了把手铐盒扣在手铐中间的短链上。"这就对了。"这个犯人说起话来就像是一个父亲正在教儿子开车如何换挡。我把腰链穿过手铐，又慢慢地笨拙地穿过他的连体衣，他如释重负，说："这就对了。"

我们开车一个半小时到了什里夫波特（美国路易斯安那州西北部城市）的医院。到达医院后，本该培训我的那个狱警把我和犯人扔下就走了。我不太清楚该怎么做，于是被这个犯人一路领着往前走。他虽然身上戴着镣铐，穿着橘色的连体衣，但看上去就像一个自由人，边走边和路人打招呼。前台没有人，他向旁边的人抱怨，仿佛急着去办事。因为我穿着狱警的服装，所以人们都冲我打招呼，但是从来没人跟他打招呼。前台的人终于来了，她问我有关犯人的问题，仿佛旁边的犯人不存在似的。我不能代替犯人回答，尴尬的沉默以后，她终于不太情愿地跟这个戴着镣铐的人说话，然后那个犯人礼貌地回答了问题。

他一路把我领到化疗室。在此期间，我一路跟着他，不确定他是不是要把我带到别处。

我给他解开镣铐，他开始做化疗。广播中正在播放《雪橇之旅》。他躺在那里，看着天花板上画着山的图片。医生和我离开了化疗室。接受化疗的这段时间，可能是他每天唯一一段属于自己的时间。

我们去了医院的地下室，犯人们在拘留室里等着看医生。我坐在黑屋里头，塔克先生和韦恩监狱的SORT组长正在平板上看《荒野大镖客》。一个警察在手机上玩射击游戏，其他人有的在睡觉，有的在讨论钓鱼，有的目光空洞看着前方。过了几个小时，一个狱警手拿一把用卫生纸包着的枪，问："谁把枪丢到卫生间了？"所有的警察都开始检查自己枪套，枪都在。一个警察说："这下糟糕了，可真糟糕了。"因为警察和犯人们共用一个卫生间。

过了一会儿，一个警察走进来，说道："哦，谢天谢地，幸亏你们帮我找到了。"

塔克说这并不是个大事。这种事经常发生。他也有一次忘记自己把枪挂在了监狱的墙上。

"你后来找到枪了吗？"

他说找到了，"后来有个犯人告诉我枪在哪里"，他懒洋洋地说。

"我的天哪，你太幸运了，他没有把枪拿走。"

另一个人说："有人偷走了一把枪。"

"不不，不是我那一把。"塔克说，"那个犯人吓坏了。"他指了指墙，就好像那个犯人就在那里，正瑟瑟发抖地指着那把枪。

一位教官曾给我们讲过一个故事。有一天一个犯人因为胳膊脱臼被紧急送往医院，负责运送的长官需要随身佩戴枪支，但是从前门登记出去的时候，他忘记把枪装到枪套里，就把枪留在了车上。开车去往什里夫波特的途中，后排的犯人从隔栏下面摸到了枪，枪里还有十二发子弹，后来回到监狱以后，犯人将这件事告诉了教官。"不，你在说谎。"这个教官说。为了证实他的话，这个犯人将枪的序列号告诉了教官，还给了他一发子弹。他让教官去检查一下那把枪，看一看枪膛里是不是塞了一点儿卫生纸。"我找到那把枪，从枪膛里揪出了一截卫生纸。"

两周后我开始了训练。蔡斯·考特斯（犯人的真名）因盗窃被判处三年徒刑，还有三个月就可以出狱了，但他受够了韦恩监狱。在十二月一个寒冷晴朗的中午，他爬上桦树区的屋顶，躺下等着巡逻的车辆从旁边经过。他处于瞭望塔的监视范围内，但是CCA为了节省开支，在2010年左右就不再派人驻守瞭望塔了，只留下一个狱警看管至少三十个监控画面。

考特斯看到巡逻车过去以后，从楼背后跳了下去，爬过铁丝网，跑向一片茂密的森林，后来看到一辆猎人留下的白色卡车，刚好卡车的钥匙就插在锁孔内。

当时监控室里警报响起，说明有人触动了外篱，或是有人跨越了警戒区。但是狱警只是起身将警报关掉，又回头干她自己的事情。她既没有注意屏幕，也没有回放监控。几个小时后，狱警才意识到有人越狱了。狱警告诉我，最后还是一个犯人告诉他们，有人逃跑了。那天晚上警卫穷追不舍，直至考特斯撞上围墙，才被警察卫抓到。CCA没有对外公布此次越狱，而我则是从一位知情的狱警那里听说这件事的。

第二天我来到监狱时，监狱处于一级防范禁闭。大家担心CCA会失去和路易斯安那州的合同，"我们已经亏损，现在是雪上加霜。"布兰查德女士的助手告诉我，"现在局势很紧张。"

她还在犹豫该如何安置我们这些学员，于是就让我们先去上计算机课程。我学了内幕信息的课程，上面讲到如果在会议上得知路易斯安那州政府终止和CCA的合同，那么在公司发表声明之前，我们不可以将此信息告诉任何人，尤其是股东们。因为犯人越狱会影响股价，如果我把越狱的事情告诉别人的话，是不是也违法？我又该告诉谁呢？唯一能够和记者联系的人就是监狱的发言人，但是即便如此，他也不能自由发言。布兰查德女士告诉我们，所有的声明都要由公司办公室拟稿，发言人只能严格按照声明的内容来发布消息。

我和瑞诺兹被叫去帮忙，因为禁闭期间犯人不能到食堂吃饭，所以教官需要人手来帮忙把餐车推到监区。当我们把午饭送到桦树区的时候，科林斯沃斯已经在那里了。他冲我们笑笑，手里晃着一串钥匙，上面还挂着一把万能钥匙。十分钟后我们开始分发餐盘，一个犯人对我大喊："我的食物里面有刀片。"他张开嘴，在门牙和侧牙之间露出一片刀片。他的上嘴唇有点儿流血。他让我看了一下土豆泥，上面有一些刀片的残留 。

我告诉了监区管理员。"把他带过来。"她对执勤的狱警说，"他这个大傻瓜，我得教训他一顿。"

她认为犯人把刀片放入食物，是想被转移到别的监区。她说："没人让他吃刀片，这只是他的愚蠢想法。要是让我发现的话，我就把刀片拌进饭里让他吃，你这个大傻瓜，怎么不吃啊。"

一个狱警问："是不是那个死了未婚妻的犯人？"

监狱管理员说："他的未婚妻没死。"

"哦，他失忆了？"

"后来他的记忆又恢复了。"

"哦，他孩子死了？"

"他孩子死了。"

另外一个区域的犯人大喊道："我们这儿还没有领到饭呢！"

一个警官回答："大多数都领到了。"

科林斯沃斯对那个犯人吼道，"没有那么多盘子，我们也没有办法。"

我和瑞诺兹推着餐车离开了，我让他抓住餐车前面，他说：这是空车好吗？你推不动吗？

我说：你怎么了？他就是不帮忙。我把餐车扔在过道，跟他返回餐厅，一肚子火。到了餐厅后，他说：嗨，你为什么要盯着我的后脑勺？你为什么要看我？他死盯着我：你不想找事吧？几天前他曾撸起袖子，给我看胳膊上的两道伤疤。一道伤疤是他和贩毒的朋友在巴吞鲁日枪战时留下的，另一道伤疤是他在韦恩菲尔德街头打架时留下的，他用手肘击打别人的脸部，别人从身后拿刀砍他。他说：*就是黑帮*。

我走进餐厅，餐厅里只有几个帮厨的犯人和一个监视犯人的女狱警，瑞诺兹和我各坐在一张桌前，坐了两个小时，谁也没有搭理谁。

这时一个宽额头的矮个子男人走了进来，他是金警官，进来后同这些带发帽的犯人和那个女狱警说话。那个女狱警刚一离开，金就做出夸张的动作，假装是在拍她的屁股，然后又使劲儿抽动他的屁股。犯人们爆发出一阵笑声，和他碰了碰拳头。

我和瑞诺兹后来又到柏树区送饭。他推着餐车，我们彼此都不说话。现在是晚饭时间，但是这里的犯人还没有吃午饭。监狱里有股硫黄的味道，有一些犯人点起火抗议送饭太晚，一个赤裸的男人使劲儿拍打着牢房的树脂玻璃，歇斯底里地喊着要吃饭。旁边牢房里，有一个身材瘦小的男人蹲在地上，他的胳膊和脸上都有细小的割痕，一个狱警让我看着他。

他就是考特斯，我给了他一罐饮料和一个塑料杯，他对我说谢谢，然后问我能不能往杯子里倒点儿水，牢房里没有水。

8

1840 年 8 月，一艘蒸汽船缓慢行驶在密西西比河上，沿途经过白色的大楼、棕榈树、橡树，以及大片的甘蔗和棉花地。这些种植地一直延伸到远处的柏树林。一个叫戴维·海恩斯的白种人，戴着镣铐坐在船上。船上的乘客不大习惯看到一个白人身戴镣铐，因此都同情地看着他。有人通过报纸报道认出了这位犯人。在关于他的报道中，他俨然是一位名人。记者们详细描述了他的衣着，身穿黑色的长礼服、时髦的丝绸马甲和精致的棉布流苏。他是个骗钱的老手，曾假扮成女人们的情人、专制的种植园主，甚至律师。他是大名鼎鼎的罪犯，属于十九世纪中期的南方白人极其崇拜的类型。人们一边谴责他的罪行，一边又痴迷于他越狱的经历。海恩斯坐在船上看到岸边那些奴隶们住的小屋，不知道是否会想起过去的场景。他曾经因为将一个偷来的奴隶贩卖到密西西比州而被判有罪。现在他将前往路易斯安那州的监狱服刑劳动十四年。

当时在路易斯安那州还没有人服刑那么长时间，而这家监狱设立也仅有五年时间。在这家监狱建立之前，白人极少被关押，监狱算得上是美国北方的发明。在南方仅有的几次公众投票中，大众都对建立监狱持抵制态度。白人对建立监狱感到不自在，并认为这挑战了他们的种族优越性。1846年，当北卡罗来纳州准备建立监狱时，一位时事评论员反击道："在监狱制度下，自由而生的公民在鞭笞之下像奴隶一样劳动。这不比死亡更糟糕吗？"一些南方人也反驳那些监狱制度的支持者，认为监狱管理并不人性化。"如何展现这虚情假意的人性？"1826年田纳西州的一位代表问道，"按照现行法律，犯人只需被打几鞭子，或者是被监禁几星期，可如今要被关进监狱，任由主人鞭笞，且要进行艰苦的劳动。"另一些人则质疑监狱系统的营利性。在北卡罗来纳州关于是否建立监狱的讨论上，一位记者说："永远不应该从犯人身上获取利益，因为这样会促使人们更加关注刑期的持续性并且被诱导延长犯人的刑期。"

惩罚制度改革也与北方废奴运动联系紧密。主要的废奴主义者，如威廉姆·洛埃德·加里森和温德尔·菲利普斯，都认为实施监狱制度是抵制死刑的重要一环。他们认为关押并强制劳动与以往的奴隶制有本质的不同，因为犯人通过劳动可以提升自我，并且最后会被释放。

路易斯安那州早期支持监狱制度的人们并不承认其与废奴主义者有联系。1806年州长威廉姆·克莱本认为，建立监狱是阻止贫穷的白人同新奥尔良州拘留所的奴隶接触交好的必要手段。拘留所主要是在犯人被起诉和判决之前扣留犯人。但是在南方的许多拘留所，如新奥尔良的一所拘留所，仍然承担着托管奴隶和对奴隶施刑的职能。种植园主把那些不服管教的奴隶带到拘留所，让警卫施以鞭刑：交纳 12.5 美分可以抽打 25 鞭子。奴隶主如果外出，可以把奴隶留在拘留所。如果这些奴隶可以劳动的话，那么政府还会每天给奴隶主支付 25 美分，让这些奴隶去参与公共设施建设。克莱本州长和其他人担心待在同一个拘留所的那些白人们有可能会因为同情这些黑人的悲惨处境，也加入废奴运动中。那么建立监狱就会阻止这一情况的发生。

与此同时，新奥尔良也逐渐超越纽约，成为美国的经济中心。新奥尔良是美国第二大港口城市，经济作物棉花据此向外运输，它同时也是全美最大的奴隶市场。随着城市的经济发展，经济犯罪增长，拘留所人满为患。1831 年艾利克斯·德·托克威尔访问了新奥尔良拘留所，描述那里的环境，"人猪混住，臭气熏天，肮脏不堪"。人们关押这些犯人，一心想着如何驯服他们的恶，却从没想过给予他们更好的条件。他们戴着镣铐，像野兽一样；他们被野蛮相待，不曾被悉心教导。路易斯安那州州长安德烈·罗门希望托克威尔能够说服立法者向监狱拨款。

但是直至立法者得知其他州正从监狱获利之后，他们最终才同意向监狱拨款。新奥尔良的监狱越来越拥挤，财政负担也不断增加，因此建立一个营利机构的想法势不可挡。新奥尔良的监狱将仿照纽约的奥本监狱，像国有工厂那样运行。监狱为奴隶们生产廉价的服装和鞋子，在抗衡北方纺织工业主导地位的同时也可弥补废奴之后的人力短缺。设立监狱对白人至上主义有利无害，不会产生威胁。

海恩斯乘船从新奥尔良来到巴吞鲁日开始服刑时，巴吞鲁日还不是该州的首府，而只是一个安静的滨河小镇。马车在大街上嘚嘚跑过，男人在钓鱼，铁匠在打铁，工匠在制鞋，空气中弥漫着木兰花香。因为这座监狱比周围的建筑都要高，当地人称之为高墙。全副武装的警卫在 24 英尺高的高墙上巡逻，墙基有 5 英尺厚，里面关押着 170 名犯人。

海恩斯来到监狱后，警卫给他剃了头，让他洗了一个凉水澡，然后把他带到一个 7 英尺 ×3.5 英尺的单间牢房。早上狱警给他念监狱管理规定："除非和狱长或狱警说话，其他时候必须保持安静；不可以笑、唱歌跳舞和大声喧哗；除非得到狱长的允许，否则不允许注视来访者；除了有关劳动的事情，不允许和长官谈话。"海恩斯的生活按照严格的作息安排执行。早上四点打铃叫早，天亮后，他和其他犯人戴着镣铐到工厂工作。吃饭时间，他们回到各自牢房吃饭。

参观者如果支付二十五美元的费用，就可以参观犯人们纺棉花、织布、打铁。人们也可以在街道商店购买犯人们制造的产品时享受折扣。记者们对这个新设立的机构感到非常新奇。"让人印象深刻的首先是进入监狱大门，所见之处干净整洁，其次是一切井然有序，最后是这里的安静沉默。"但是也有例外。1839 年，两个在车轮制造和制鞋工厂干活的犯人，抢了警卫的枪支，他们开枪射击并挟持警卫做人质，直到警察出面这次暴动才被镇压。此外巴吞鲁日的白人公民也心有不满。因为路易斯安那州大部分人都是奴隶，他们并不反对强制劳动这件事情，但是他们抱怨监狱的零售商店抢了他们的生意。路易斯安那州最后不得不妥协，关闭了商店，此后犯人们的生存条件开始恶化。

监狱不再进行工艺品之类的生产，政府拨款一万美元购置了蒸汽机，提高了监狱劳动的机械化程度。每天八小时的工作制结束了，犯人不得不从早忙到晚。他们为奴隶们制作鞋子，以极低的价格卖给农场主，再把从农场主那里拿来的棉花织成布。

1841年路易斯安那州监狱成立不到十年，《查尔斯顿邮报》便推崇监狱组织合理、灵活有序，是私人奴隶主学习的榜样。每个犯人每天为州政府盈利55美分。监狱不到一年时间通过生产棉布已经盈利超过5000美元（相当于2018年的13.5万美元）。这篇文章还建议奴隶主使用监狱的管理办法来使奴隶的生产效率最大化。妇女和儿童应该全年在织布机上工作，这样就可以创造出比在田间种地更多的劳动价值。

但是监狱系统的根基并不稳固。1837年以前，路易斯安那州一直经济繁荣。美国棉花种植量比其他国家的种植总量还要多。棉花种植面积不断扩展，房地产依然是赚钱的行业。新奥尔良的银行资本最为集中。美国北方以及欧洲投资者的资金大量涌入。"任何一个人，只要手头有棉花，不论是以实物还是期货的方式，就可以个人或其祖父的名义，从银行借到钱。"大规模的投资推高了棉花生产成本和奴隶数量。1830年至1836年，路易斯安那州的进口货物价值和奴隶用工成本翻倍。然而到了1837年，经济泡沫破碎。棉花价格骤降，土地价格暴跌，银行倒闭，经济崩溃。

美国陷入第一次经济大萧条。政府需要资金，监狱成为紧缩财政的目标。尽管监狱工厂近些年有所盈利，但也不足以维持运营成本，政府视其为花钱的机构。1830 年到 1844 年，监狱耗费了 45 万美元的州财政资金（相当于 2018 年的 1200 万美元）。

1844 年州政府开始推进监狱私有化，将监狱租赁给麦克哈顿－普拉特－沃德公司。最初政府不向公司收费。公司负责监狱的运营，包括供养犯人，公司可以按其意愿使用犯人。1850 年路易斯安那州政府要求该公司缴纳四分之一的利润，7 年后要求公司缴纳一半的利润。监狱承租人可以使用犯人修建密西西比河沿岸的大坝，防止农田变为沼泽。修坝工程非常艰苦，许多劳动力因过度劳累而死，因此许多路易斯安那州的种植园主禁止他们的奴隶修坝。而监狱承租人则不会因为犯人致伤或致死而受到法律追责，所以他们就大胆地让犯人从事修坝工程。

尽管有许多犯人外出参加修坝工程，但是大部分的劳动力仍然待在监狱。监狱私有化的时候，海恩斯已在监狱待了四年。他在回忆录中写道："这些人对监狱改革的目标置之不理，在监狱实施了最为残酷的暴力，用残忍的方式获取每一分每一厘。"他提到有一个叫吉姆·斯帕姆的犯人精神明显不正常，但却因为捅伤人而被判了两年徒刑。后来他在工厂负责搬线轴。有一天，他因为不堪重负摔倒在地，却被带到牢房一顿拳打脚踢。从那之后，警卫时刻盯着他，他稍有怠慢便会挨打。他变得愈加精神错乱，常常傻笑，还从监狱院子捡来东西堆在牢房里。一天狱警用一根铁棒打了他的头，把他打死了。"吉姆·斯帕姆被粗暴地拖回牢房，而不是送到医院。最后他被草草掩埋，葬得甚至不如一条宠物狗。"

海恩斯还提到了一个名叫麦克·亨利的白人，42岁，因为抢劫和偷马被判处7年徒刑。因为一个小小的错误，看守将他吊在楼梯上，用猫鞭抽打了100鞭子（猫鞭是一种多头的鞭子）。刚打到47鞭子，麦克·亨利就已经昏死过去。监狱的人在他的伤口上撒上盐和酒，扒光他的衣服，然后把他送到医院。几天后他又被吊在楼梯上打。为防止他叫喊，他的嘴里被塞上东西，他的头上也被蒙了毯子。公司的人称，这是为了杀鸡儆猴。

路易斯安那州每年的监狱报告中几乎通篇提到的都是监狱工厂的盈利状况，压根没有提及监狱暴力、犯人改造和安全工作。州管理委员会强调："生产棉花制品是犯人参与的盈利最高的工作。以往经验表明，这也是营利最可靠的来源，比其他工种发生意外的风险都要小。"

监狱私有化一年以后，政府宣布这是一个成功的举措，并同意发放贷款15000美元用于提高监狱的生产能力。而生产能力提升的监狱工厂，很快引起了美国军方的注意。1846年他们与监狱工厂签约，委托其生产24000双马蹄铁，以筹备与墨西哥之间的战争。监狱承租人以生产棉制品为主，买了90马力的蒸汽机和一些其他机械设备，建起了生产麻布袋和绳索的工厂，并称之为"一次前所未有的尝试"。尽管工厂有194名犯人，每天可以生产 3000 英尺的麻布袋，但是仍不足以满足生产规模的不断扩大。

监狱承租人抱怨法院和立法机构把犯人都关进了拘留所，而不是送到了监狱，致使劳动力减少。如此抱怨 6 年之后，犯人的数量增加了 50%，达到了 300 人。该州最大的报纸满怀希望撰写了报道，认为监狱工厂为南方制造业奠定了基础："州立监狱成功引进棉花生产，可以为南方经济创造利润……而且利润巨大。"

南方各州开始效仿路易斯安那州的做法建立监狱，不少监狱都有自己的纺织厂。这些监狱中有一些是州立监狱，有一些是私有监狱，不论州立监狱还是私有监狱，都把利润放在首位，而鲜少关注犯人的教化。得克萨斯州《每日邮报》称："如果 20 个奴隶劳动可以产生几千美元的利润，那为什么 20 个犯人劳动不能产生相同的利润呢？"得克萨斯州一位拘留所的所长曾经建议，监狱可以成为南方工业化的工具，以此对抗北方的工业垄断。

1848 年的法案同意建立得克萨斯州监狱，并要求这所监狱建在适航水域附近，以方便运送犯人们制造出来的产品。得克萨斯州第一所监狱建立 5 年后，不仅已是该州最大的工厂，而且迅速成为南方重要的纺织品工厂。

在南方监狱蓬勃发展之时，服刑 12 年的海恩斯被路易斯安那州州长赦免。他甫一被释放就来到了新奥尔良，并重新起了一个霸气十足的名字，然后伪造商业合同，在诱骗一个得克萨斯州人借给他 600 美元后就逃之夭夭。他流连于精英圈子中，甚至有一次还在纽约同前大法官约翰·万·布轮一起吃饭。他最后回到家乡查理斯顿，还假扮成路易斯安那州的种植园主，参观他曾经待过的拘留所。有一天，海恩斯在查尔斯顿大街上闲逛时，遇到了曾经被他欺骗的得克萨斯州人，于是急忙落荒而逃。警察后来在一个教堂的院子里捉到他时，他手里还拿着一把斧头。

　　海恩斯从路易斯安那州立监狱被释放的时候，这座监狱只有 20 年的历史。路易斯安那州的监狱以教化犯人为前提而设立。可事实如何呢？那些支持者认为实施静默和强制劳动能够将犯人改造成对社会有用的成员，但是并没有证据支持这一观点。路易斯安那州政府对此也漠不关心。1857 年，海恩斯被释放 5 年后，监狱的净利润达到了 44000 美元（这相当于 2018 年的 120 万美元，也意味着每名犯人创造了 4000 美元利润）。如果一所监狱可以如此盈利的话，监狱真的还会在乎犯人会改造成什么样子吗？

9

我们曾在课堂上做过一个关于颜色的测试，这个测试据说有助于CCA决定如何安排员工工作。测试结果将人分为几类，一类是冲动型的橙色人群，他们很少花时间去深思熟虑，所以适合人质谈判。一类是注重规则的金色人群，适合做监狱的日常管理工作。布兰查德女士说，大部分人属于金色人群，这类人有责任心，守时，注重规则。测试结果显示我属于主导型的绿色人群，这类人善于分析，具有好奇心。橙色是我的第二种颜色（代表自由而随性）。在韦恩监狱，绿色是一种比较少见的人格颜色。布兰查德女士也没有提及绿色人群适合在监狱中做什么工作。

CCA极力推广这一测试，认为人们如果再次选择，94%的情况下仍会做出相同的选择。但是布兰查德女士说，人们在这里工作一段时期后，常常会选择不同的颜色。之前选金色的一类人往往变得更为专横。

听到这样的说法，我内心深感不安。我认为人的个性相对固定，而诸如职业、稳定状况以及人际关系的方面则会发生变化。但也有一些实验显示，人的个性在截然不同的新环境下会发生巨大的改变。1971年，心理学家菲利普·津巴多进行了著名的斯坦福监狱实验。在大学地下室搭建的模拟监狱中，他随机让一些学生扮演犯人和狱警的角色。这项实验旨在研究人们面对权威时的反应，但是实验中扮演狱警角色的学生变化最大。当普通人穿上制服，戴上墨镜，处于相对自由的状态，就极易被激发起施虐的倾向。他们强迫犯人睡在水泥地板上，要求他们跳舞唱歌，迫使他们在桶里排泄，以及勒令他们脱衣服。原本将持续两周的实验因为形势突变，只进行了6天就不得不被叫停。这项实验结束后，许多扮演狱警的学生都对自己的行为深感羞愧，而那些扮演犯人的学生多年来一直饱受精神创伤。津巴多曾回忆："我们都试图相信自己内心的力量，相信我们的自主意识，去抵制那些类似于斯坦福监狱实验中的外在环境影响。对于许多人而言，相信个人的力量能够抵御外在环境的强大影响，也只不过是一种认为人性不会受到外在影响的幻想而已。"

这项实验时至今日仍然引发人们深思：那些在阿布格莱德监狱或是在奥斯维辛集中营的士兵，那些 ISIS 的绑架者本质上与我们有什么不同吗？我们心安理得地认为，善与恶之间有不可逾越的鸿沟。但是我们也许应该理解，正如津巴多的实验所示，在一定环境下，我们都可能慢慢变得邪恶。

培训第三周的一天，我被分配到食堂工作。我的工作是给犯人们安排座位，让他们依次坐满一排。我不知道为什么要这样做。一位长官告诉我，当你排满这一边的时候，就开始让犯人从另一边出来。我们在课堂上所学的 CCA 管理条例中规定犯人有 20 分钟吃饭时间，然而实际上，监狱留给他们的吃饭时间只有 10 分钟。

犯人们排队而入，我给他们指定要坐的桌子。一位教官和另一个狱警看着我。一个犯人没有听从我的指令，坐在了旁边的桌子。

我指着桌子对他说：坐在这里。他并没有动，教官和几百个犯人都在看着我。

嗨！坐到这儿来。

他说：*不，我不动了。*

我说：*你得坐到这里来。*他还是没有动。

我叫来一位满身肌肉的警官，让那位犯人站起来。结果他又挪到了另外一张桌子上。他在和我耍把戏。我义正词严地跟他说，*你坐到这张桌子上来！*

他说：*不是吧，就因为这点儿破烂事儿！*他终于坐到指定的桌子上。我的心紧张地怦怦乱跳。*展现自信，展现权威。*我昂首挺胸，大步踱来踱去，和周围的人保持眼神交流，既要表明我无所畏惧，又要注意不能盯得太久，让别人感到威胁。我让犯人们进食堂时脱下帽子，他们全都照做了，我心里有些小小的得意。

就在那一刻，我第一次忘了自己是个记者。我看到有些犯人没有坐在指定的座位上，而是和他们的朋友坐在一起；有些人又悄悄溜到队伍后面去拿更多的食物；有些犯人还在吃饭，我就让他们起身离开；我紧盯着这些犯人，不让他们再多喝一杯饮料。

*哎，你为什么看起来像个警察？*一个犯人问我，*他们又不多给你钱。*

我正在这里做什么？不让他们多喝饮料吗？

科林斯沃斯指着一个犯人对我说：*嗨！鲍尔，你去让那个人把帽子摘下来。我跟他说，他不听我的。*

我对他说：*你去说，你挑起的事自己去处理。*另外一个狱警赞许地看着我。

我又做回了自己，不再强迫犯人们脱去帽子，或者给他们指定座位。科林斯沃斯说：*你得去清理一下人。*我什么都没做，他们准备好了自然会离开。

第二天早晨经过监狱的大门时，我不仅带了摄像机，还带了录音笔。因为担心录音笔过 X 光机检查的时候可能会引起检查人员的怀疑，所以我一直没敢带录音笔。后来我看到科林斯沃斯带了一支配有闪光灯的笔，通过安检的时候却没人盘问。我于是决定冒个险，相比带摄像头的手表，录音笔的内存更充足，可以全天录音，帮助我记录监狱里所有事情。

肯尼在我之前通过安检仪时，我心跳得厉害。在通过安检后，他穿上鞋坐在椅子上。像往常一样，我感觉他正在盯着我。通过安检仪时，仪器忽然响了，拿着检测棒在我腿上检查的警官问："你带了什么？"我把笔拿出来给她看，她招手让我通过了。

从现在开始我就可以一直带着录音笔。开始工作的时候就按下录音键，下班后再关闭。

我们排队来到军械库旁边的一间教室时，韦恩监狱一位牛仔打扮的认证教官正坐在前排。接下来他一边在前台踱步，一边用手揉搓着一张纸巾，把它塞进塑料泡沫杯。然后他往嘴里塞了一块烟叶，说，"我们将学习一些致命武器使用的规矩。"

教室里大部分人都是需要接受再培训的狱警。教官严肃警告一位学员，她曾在一次追捕中向狱长开枪，后来又没来参加武器课程进修，所以教官严厉警告了她。她对此解释说："我只看见有人动，哪知道那是狱长啊。"

这位牛仔警官说："那是欧立希狱长啊！"

"哦。长官，我当时以为欧立希狱长已经回去了，你以为我想开枪打他？"

"我可没有那么说！"另外一个狱警笑了。

"说到武器培训，我们首先讲讲用枪的规矩。"牛仔教官说，"枪支什么时候可以用，什么时候不可以用？你们最近也看了电视，枪支很容易引发争议，又很容易伤及自身。"几星期前，一位警察勒死了在纽约街头卖烟的艾瑞克·加纳，却没有遭到陪审团的起诉，由此引发了民众抗议。四个月前，因为一名警察在弗格森（密苏里州的一个城市）射杀了麦克·布朗，又引发了民众暴动。"你们工作中可能会遇到类似的情况，执行警务的时候也有可能违规。"他往泡沫塑料杯里吐了一口口水。

他发给我们测试题目以考察学员是否掌握了使用武器的规则。教官说："有些题目是多选题，但是我就不一一分析了，直接说正确答案。出现紧迫的危险才可以使用枪支，对还是错？"

大家异口同声地说："对。"

什么是紧迫的危险？紧迫的危险是一种危险的等级，是使用枪支的前提。他告诉我们，这就是定义，考试时要把这个定义写下来。试卷会被存档，如果日后出现了使用枪支的情况，档案可以证明你们参加过武器培训。

如果你佩戴有武器而突然遭到了袭击，即使袭击者没有武器，你是开枪还是不开枪？

大家面面相觑，显然都不确定答案。

他又问了一遍："是开枪还是不开枪？不管这个人是自由人还是一名犯人。"

有一个人说，"开枪"，其他人也附和着回答。

"这就对了。紧迫的危险在哪里？对方看到了我的枪，那为什么还要袭击我？你就得假设他并不关心你是不是带枪，而是一心想要夺枪。这才能说明你开枪的正当性，是吧？"

"如果必须要使用枪支，你就要说明危险性，这时候不仅要交火一轮，而且还要交火多轮。"

"你说得对！"一个坐在后排的警官说道。

"你要持续开枪，直到危险减退，如果危险上升，还要开枪。"

有几类人不被允许佩枪，如过去曾是重刑犯或者是有精神问题的人。

"你们认为对于一个惩教官来说，最常见的不被允许佩枪的原因是什么？"

"家暴。"

牛仔教官说出了正确答案："我来说说常见的情形。一天傍晚，你顺道来到一家酒吧，和朋友一起喝了瓶冰啤酒。回到家，妻子询问你去了哪里，她抓起你的电话，看到没有见过的电话号码（其实是你朋友的）。你避而不答，于是妻子大发雷霆，摔了电话。你们互相推搡，扇了巴掌。邻居们听到声音就报了警，警察来了以后，依法行事做了笔录。虽然没有开枪，但是一旦有了家暴的记录，那么即便是没有涉及枪支，你也会失去拥有枪支的权利。"

一名警官说："任何人都可能发生这种情况。"

教官说："这种事很常见，我有一次就险些遇到。所以要牢记在心，你最好趁事态还不严重，赶紧开车离开，这也许是最安全的方法，等妻子消了气再说。"他停了一下，然后用一种气势汹汹的口气假装是对着妻子说："哦，不不，你可不能用那种口气跟我说话。"

有个警官哈哈大笑起来。

教官教我们如何上膛和瞄准。那位警官说："我得回家，拿老婆当靶子练练手。"有些人笑了起来。我尽力保持平静，以掩饰内心的厌恶。

监狱后面离考特斯翻过栅栏逃跑不远的地方，有一个仓库。我们两个学员和布兰查德女士一起来到这个仓库。墙上的架子上放着缰绳、皮带和马掌，收音机里播放着乡村音乐。当时里面有三个教官，他们似乎不太喜欢有人突然造访，因为当进门的时候，我看到其中一个向垃圾桶里吐了口痰。

他们养了一小群马和一些猎狗。马匹用得不太多，大多在监狱外的草坪上放养。过去惩教官常常佩枪骑马，监督犯人修剪树木、砍树或是耕地。若是听到有人喊"傻子们回来了"，那就说明犯人们回来了。遇到犯人逃跑，狱警们就会用到短枪。一个老员工说："开枪只是想让他们站住，而不是真要打死他们。"她讽刺地说："天啊！我杀死了他，我只是为了让他停下来，却常常打到别的犯人。"

犯人们和狱警们常常会回忆他们在外面干活的那些日子。经过一天的劳动，他们回到宿舍，筋疲力尽。CCA 的合同要求韦恩监狱的犯人一周工作 5 天，但是实际很少能够执行。韦恩监狱减少人员，瞭望塔不再安排人手。许多职业培训计划都被削减。兴趣工坊成了堆放杂物的仓库，去图书馆也受到了限制。因为警力不足，没有那么多人看管犯人，所以休闲娱乐的院子大部分时间都闲置着。①

一个带领狗队的长官克瑞斯告诉我："真是今不如昔啊，现在简直是一团糟。"

警官凯瑞说："我们也不能像过去那样随便打人了。"

克瑞斯说："可以啊，我们打过。"他有点儿闷闷不乐地说："但你得知道怎么做。"

布兰查德若有所指地说："你得知道去哪儿做。"我猜她是指监控看不到的地方。

克瑞斯说："哈哈，监狱里有一个地方可以，凯瑞他用催泪弹，我用鞭子。"

旁边一个警官说："天啊，你怎么总是用催泪弹。"

凯瑞说："我就是喜欢用，要是有人捣乱，折腾我三四个小时写报告，那我就得教训他一下，让他吃催泪弹。为啥我得两个小时都得坐在这里弄资料，我可不能轻饶他。当然你们是新来的，我得告诉你们哪些不该做，该怎么做。但有时候就是没做对的话，也要尽力弥补一下。"

这些人现在不需要监督犯人干活，他们主要负责牵着马和猎犬在 13 个区域巡逻，帮助警察追捕逃犯。他们曾经抓到过持枪的劫匪和杀人嫌疑犯。

我们刚走进一个狗舍，狗就开始狂吠。凯瑞踢了一下狗舍的门，

---

① 当我问到韦恩监狱为什么缺少培训课程以及娱乐活动时，CCA 坚称"犯人可以利用这些资源和项目"，而工作削减也与路易斯安那州惩教局沟通过。此外，他们也承认岗位空缺是由于人手暂时不足。

一只狗趴在他的脚下。

"狗追到嫌犯就会咬他，它们可不会轻饶这些逃犯。"

我们回到谷仓办公室的时候，克里斯汀正好在那里。凯瑞从架子上拿下来一张活页，给我们看了一个人的照片，相片上的人下巴有个洞，脖子上有一个伤口。克瑞斯说："我对犯人管得松，有人逃跑的话，就放狗去追。"他摸着胡茬说："这就是其中一个人的下场。"

凯瑞说："狗追上人的话，就会咬那人的喉咙。"

我问道："那是一个犯人吗？"

"是啊，我们一般要选一个人，让他到林子里去。"他指了指窗外，"这个人要穿上防护服，我们告诉他去哪儿，可能要走上两英里的路，爬上一棵树，过一段时间，就把狗放开。"他拿起那个脖子上被咬的人的照片，"这个人离狗太近了。"

我说："这看起来真够恶心的。"

克里斯汀插话说："我把他领到医院，情况并没有那么糟。"

凯瑞拿着照片一边四处展示，一边说道："他可真是个人物。"

克里斯汀说："他算个什么东西，活该。"

克瑞斯说："我给了他护具，他没有穿戴对。"

布兰查德女士说："他可得到了教训。"

培训的最后一天，布兰查德女士让我去食堂帮忙。我站在一旁监视犯人们的时候，一个年轻的黑人狱警走过来。"你现在觉得这儿怎么样？"

我回答："很酷啊，又有趣。"

他又问："你之前在类似的地方工作过吗？"

"没有。"

他问："你想成为警察吗？"

"不想。"

"仅仅是份工作？"他已经在这里工作了四五个月。"我想成为一名警察，这是我为什么做这份工作的原因。但是因为我吸食大麻，所以有点儿困难。我得先戒毒，并清理一下身体。虽然很难，但也得这么做。我为自己骄傲，如果我能做到，我就干到退休，到时候就能做我以前想做的事情了。"

我问他："那你以前想做什么？"

他笑着说："吸大麻啊。等当上警察后，我就开一家饭店。五十岁的时候，我就做我十八九岁想做的事情，吸吸大麻，玩玩游戏。"他停了一下，心怀向往地说："有时候人生需要一个过渡。"

我说："像这样的工作，工作压力很大啊。"

"是啊，还不能随便打人。"

我到教室参加最后的考试，考试有点儿吓人，92道题包含各种问题：如果被劫持怎么办？一个有自杀倾向的犯人会有哪些表现？如何正确地给犯人使用脚镣？转移犯人的时候需要做哪些检查？使用武器的规矩，以及如何分辨各种化学品的颜色。考试中的大部分题目老师讲解时都是匆匆而过，所以我有一半都答不上来。所幸布兰查德女士的助理告诉我们，大家可以一起讨论，以确保都答对。

我说："我敢说还没有人因为考试不过而应聘失败吧。"

她说："没有，我们会保证你的档案漂漂亮亮。"

10

在内战前，监狱劳动并不是路易斯安那州从犯人身上获取利润的唯一方法。路易斯安那州还将犯人的孩子们当作奴隶卖掉。当时在南方的大部分犯人都是白人男子。白人妇女因太过娇弱，不适合监狱劳动，一般奴隶才会被安排在种植园劳动。不同于南方大部分州，路易斯安那州会因为一些"严重的"罪行（如抵抗奴隶制度）而关押奴隶。很多被关押的奴隶是妇女。有一个叫阿泽莱的妇女，因为想要毒死别人，于1839年被判处终身监禁。历史记录并没有表明她试图毒害谁，但极有可能是她的主人。其他关押的女奴也大多因为类似的原因，如苏珊、埃雷和卢森达因为纵火或是攻击白人而被关押，当她们被判决关押的时候，她们的主人则由该州补偿三百美元。

政府认为监狱应该实行种族隔离制度，但是监狱管理者坚持认为，分开关押并不实际，而且会降低生产力。所以这些黑人妇女和男性犯人关在一起，导致的结果之一就是有一些黑人妇女怀孕了，而孩子的生父是犯人还是狱警却不得而知。这样的细节对于立法者来说并不重要，因为1848年立法部门通过了一项法律，判定那些终身服刑的美国黑人在监狱生出的孩子属于州政府的财产。这些黑人妇女可以将孩子抚养到 10 岁，然后监狱就会在报纸上登出广告。30 天后这些孩子就会在法庭上被拍卖，一手交钱一手交人。所得款项将用于资助白人学校。

关于在监狱中如何抚养孩子，以及和孩子永久分别是什么样的情形，并没有什么详细的记录。我们也无从得知这些孩子和他们母亲后来的情况。监狱的记录中只是零星记载了一些买卖的交易，甚至都没有提及孩子的母亲。这些母亲失去了孩子，内心悲痛，心情复杂。也许于她们而言，让孩子成为奴隶或许比待在监狱中要好些吧？

孩子被送走以后，这些母亲也有可能得到一些孩子的消息，因为很多孩子被监狱里面的员工买走了。也许这些买家内心愧疚，时不时会把孩子的一些信息告诉他（她）们的母亲。第一批购买这些孩子的人就是监狱的管理者。第一次拍卖中，查尔斯·麦克哈顿花了 696 美元买下了 13 岁的塞莱斯和 10 岁的福瑞迪克，三年后他又花了 580 美元买了 10 岁的阿尔弗瑞德。查尔斯的兄弟詹姆斯买了 10 岁的约瑟夫。约瑟夫的母亲就是阿泽莱，她在监狱卖了两个孩子。

另一位监狱的承租人威廉·派克也花了 1025 美元买下了 10 岁的克拉瑞·威廉姆斯。一个监狱的职员和和监狱委员会的成员也各自买了一个孩子，其他孩子则被建筑商、农民和一些小奴隶主买走，从 1836 年监狱设立到 1862 年联邦军队接管这家监狱，至少有 33 名黑人女奴在此关押，人数是南方所有州立监狱中最多的。至少有 11 个孩子被州政府卖为奴隶。路易斯安那州总共获利 7590 美元，相当于 2018 年的 20 万美元。

1861 年 1 月，路易斯安那州宣布脱离美国，而监狱则成为南方联盟军①的战争机器。监狱的产量比正常水平高出了两倍，主要生产手推车、军靴、独轮车、帐篷、制服、铁皮和子弹。监狱成为路易斯安那州最大的纺织品生产部门，为该州的战士和居民生产了大部分的布料，利润也因此暴涨。

1862 年 4 月，联邦军②的战船向新奥尔良的堡垒发射大炮，然后驶入了港口。在逃离之前，联盟军点燃了数百捆的棉花，堆满烟草和蔗糖的仓库，以及停泊在港口的蒸汽船。当时天空下着雨，一时间浓烟滚滚。人们打开仓库，手拿篮子和包裹，推着独轮车往外运物资，满地撒落着大米、腌肉、蔗糖、蜜糖、玉米和其他食物。人们把运不走的东西或是倒入河中和水沟里，或是烧掉，不给联邦军留下半点物资。人们步行、骑马或是坐车纷纷逃离了这个城市。通往得克萨斯州的小路和小镇上挤满了成千上万的奴隶，这些奴隶的主人们还抱着一线希望，想要把这些奴隶带走。而三千人的联盟军队也退守到了港口城市。

---

① 联盟军（Confederate Army），由主张蓄奴的南方州组成的军队。——译者注
② 联邦军（Union Army），也被称为联军（Federal Army）、美军（U.S. Army）、北军（Northern Army）和国民军队（National Army）。它由正规军和数量庞大的各州民兵、志愿兵以及义务兵组成。内战期间联邦军英勇战斗，最终打败了联盟军，废除了奴隶制。——译者注

不久之后，联邦军的船只沿河而上，不费吹灰之力就占领了巴吞鲁日。联邦军将军本杰明·巴特勒随即控制了监狱，强迫犯人为北方军队制作衣服和帐篷。为了让工厂继续运转，巴特勒将军下令将该地区的所有棉花供应给监狱。

没过多久，南方联盟军卷土重来。1862 年 8 月，巴吞鲁日战火再起。来自路易斯安那州、密西西比州、肯塔基州、田纳西州和亚拉巴马州的联盟军队冲进了巴吞鲁日。硝烟战火中，人们纷纷逃离巴吞鲁日，有人在哭泣，有人在祈祷。饥饿的人们袭击了乡下种植园的粮库，将粮库洗劫一空。

城市的三分之一在战火中化为灰烬。巴特勒将军决定撤出巴吞鲁日，在新奥尔良集合联邦军队。为了防止联盟军再次利用监狱进行生产，联邦军离开时摧毁了生产设备，并强迫囚犯加入了联邦军。而该州最重要的生产工厂——监狱，也就此化作一片废墟。

三年后内战结束，四百万非洲裔美国人获释。在战争开始之前，美国八个最富有的州中有七个在南方。美国的奴隶经济曾经在非机械化棉花生产中创造出最高的生产力，可如今的南方经济已是支离破碎。

此时在路易斯安那州，一位身材肥胖、留着络腮胡的土木工程师——塞缪尔·劳伦斯·詹姆斯正在寻思废除奴隶制能否为其所用。他脑瓜灵活有想法，曾在新奥尔良建造了第一条有轨电车轨道。他因为在战争期间率领一支爱尔兰志愿军，名声不是很好。他注意到：美国宪法第十三修正案废除了奴隶制，但是"除了惩罚犯罪之外"。美国在战前就已经开始向商人出租囚犯。而现在正需要节省资金扩大生产，何不重操旧业？加上路易斯安那州一半人口重获自由，其中许多人没有工作。如此一来监狱人口肯定会上升。他寻思能不能弄些犯人，让犯人像奴隶一样免费为他干活？詹姆斯梦想远大，重建监狱并将其变成该州最大的工厂，建立一个种植园帝国，一个让战前的奴隶主也自叹弗如的种植园帝国。如果能够垄断市场，就可以比奴隶主更胜一筹，控制更多的人。整个监狱系统也可以商业运作，全力为他服务。

11

圣诞节前的一天,我坐在凯恩河旁,小河流经纳契托什。与破败的韦恩菲尔德不同,我居住的小镇一片宁静祥和:人们在砖砌的前街一边吃着冰淇淋甜筒一边逛街。当地游客会去参观路易斯安那州最古老的综合商店——卡菲-弗雷德里克商场。男人们骑摩托车来到供应炸牡蛎和鳄鱼尾的 Mama's 酒吧。前街位于凯恩河一侧,到了 12 月份,十字架、胡桃钳和火车形状的灯光秀会在天黑后照亮对岸。在纳契托什遇到的每个人总要提起两件事:一是这里是电影《钢木兰花》的拍摄地;二是此处的灯光秀在 2013 年雅虎的灯光秀排行榜上名列第三,而前两名的分别是纽约洛克菲勒中心和佛罗里达州沃尔特迪士尼世界的灯光秀。

坦白地说,灯光秀有点儿让人失望。休息时我常常坐在长凳上盯着水面看。偶尔会有载有塑料圣诞老人或充气驯鹿的船只顺流而下。男人们坐在渔船和木筏上钓鱼,希望能钓到白鲈或鲶鱼。这些船漂流进入河流的缓流地带,种植园的房屋就位于一片蒲草之中。这些种植园曾经是当地经济的核心地带,向下游的新奥尔良输送了大量棉花。而在 2014 年,当大多数白人游客参观这里时,莫不惊叹于这些战前建筑的细节。夏天的时候一个种植园曾举办音乐节,新婚夫妇在橡树下举行婚礼,而在橡树不远处,就是奴隶们曾经休息的棚子。

我在韦恩的同班学员一直称赞路易斯安那州的圣诞节游行，这算得上是该州一年中最隆重的节庆。那一天两万人口的小镇人口暴涨五倍。CCA此时派出SORT队员和一些犯人帮助社区清理垃圾。当人们喝啤酒、吃火鸡腿和肉馅饼时，犯人们就需要从地上捡起废弃的糖果包装纸和遭遗落的狂欢节串珠项链。那天我去了市中心，空气中飘荡着一丝烧烤的味道，有些人在院子里或是皮卡车旁烧烤。而有些人会将他们的草坪变成停车场，每个车位收五美元。一眼望不到头的游行队伍里有学校的舞蹈团、圣诞老人和精灵，花车里的人向人群扔出糖果。

那是林肯！ 一个黑人女孩指着花车上戴着一顶大礼帽的白人男子大喊。

那个男人有点儿不高兴地说：*我不是林肯！* 他旁边的横幅上写着"联盟军老兵之子"。三排穿着灰色联盟军服的白人男子走在花车前面。有人背着剑，有人扛着旗。这队人整齐地停下来，向空中鸣枪。

我前面的一个黑人对着这队人大喊：*你们为什么不戴上白帽子呢？* 游行队伍慢慢前行，每隔几分钟，火枪的烟雾就升腾起来。

圣诞节期间，我和其他学员来到监狱的邮件室，处理大量的假日信件。负责人是罗伯茨小姐，她是一个黑人，身材微胖，穿着一件厚呢大衣。她向我们做演示，将信封的上部划开，将背面裁下来扔进垃圾桶，从前面剪下邮票，把剩余部分订在一起，然后盖上章：已查。这一系列动作就像是在做针线活，单调乏味，适合闲聊。

罗伯茨小姐说她很喜欢圣诞节，喜欢看贺曼频道，喜欢开车上班的路上听歌手 Chipmunk 的圣诞专辑，有时甚至感动到落泪。

罗伯茨小姐问一个学员："你有拿到过一百美元吗？"

"什么？"

"圣诞节派对上有抽奖！"几乎没人参加公司的派对。

"真的吗？好吧，我没那么幸运。但今天是个好日子。"

"我还在等我的五十美元，"罗伯茨小姐说，"有一次我在邮件中发现了毒品，按规定我应该得到五十美元奖励，但我到现在还没拿到。他们应该给我，但能不能拿到就是另外一回事了。"

罗伯茨小姐一边查邮件，一边告诉我们查邮件时的注意事项。翻阅一堆照片时，她从中拿出一张说，照片上不可以有手势，"比 V 手势也不行"。她打开一封信，里面有几张小孩的图画。"嗯，你们看，这样也不可以，因为图画中不可以用蜡笔。"蜡笔可能是藏毒的手段，我猜也是出于同样的原因，邮件要去掉邮票。邮件有很多来自孩子们，他们会在卡片中粘上小小的长袜，而我们要做的，就是把这些装饰撕掉扔进垃圾桶。

有封信写道：

爸爸，我爱你，非常想念你，我们都很好。小瑞克不听话，到处捣蛋。爸爸，我没有忘记你，我爱你。

在邮件室周围张贴了一些关于违禁品的公告：一份名为《枷锁之下》的反帝国主义刊物，一本装有微型无线互联网路由器的福布斯杂志，以及一张名为《惩教官之死》的黑帮说唱歌手的CD。我看到一份路易斯安那州监狱内不允许阅读的书籍和期刊清单，包括：《五十度灰》《Lady Gaga的极致风格》《超现实主义和神秘学》《太极法金：气功高阶》《禅修全书》《社会主义与无政府主义：辩论》《美洲原住民的手工艺》。罗伯茨小姐的办公桌上有一本没收的书，罗伯特·格林的《权利48法则》。我在犯人的储物柜中常常看到这本书，破破烂烂的，常藏在衣服下面。她说这本书被禁是因为它能"改变思想"，但她本人也喜欢这本书。禁书还包括关于黑人历史和文化的书，如修伊的《黑豹精神》《非洲面孔》，伊利贾·穆罕默德的《写给美国黑人》，以及新闻选集《私刑一百年》。

打击监狱中黑人政治意识的行为在美国很普遍。得克萨斯州监狱允许阅读阿道夫·希特勒的《我的奋斗》和大卫·休谟的《觉醒我心》，但是索杰纳·特鲁斯、哈丽特·比彻·斯托夫人、兰斯顿·休斯和理查德·赖特的书籍则被列为禁书。亚拉巴马州将道格拉斯·布莱克蒙获得普利策奖的书籍《从美国内战到第二次世界大战：重新奴役黑人》也列为禁书。监狱管理者认为这本书具有"煽动性"，存在"安全威胁"。在加利福尼亚州，有人因为在牢房里藏了有关"黑豹"的书，遭到长期单独监禁。我曾报道过一名被单独监禁了四年的加州犯人，原因是他手里有另一名犯人写的一篇文章，有一个印有龙图像的杯子，还有一本调查人员称之为"非洲中心意识形态"的笔记本。笔记本上记录有纳特·唐纳，《斯科茨伯勒男孩》，1930年至1969年间执行死刑的黑人数量，还有一些关于杜波依斯①和马尔科姆②等人物的名言，加州监狱官员以此认为这名犯人曾参与监狱黑帮团伙。在另一案例中，一名犯人因为拥有一本名为《黑人监狱生存指南》的小册子，遭到了长期单独监禁。该指南建议黑人囚犯在狱中阅读书籍、查阅字典、练习瑜伽，避免看太多电视，并远离"帮派头目"。

罗伯茨小姐手里拿着一封信，做了个鬼脸说道："这是我见过最疯狂的女孩。"通过阅读信件中的私密细节，她得以对很多通信人都很熟悉。"她把男方的名字文在后背上。当那个混蛋出狱的时候——都三四十岁了吧，也不会去找她。她把钱都寄给了他，等他出去的时候，手里会有一笔不小的钱。尽管每隔一段时间，他也会寄些东西给她。"

"她把那男人的名字文满了胳膊和前胸。"

"这就是爱情啊。"瑞诺兹说。

"这是傻。"罗伯茨小姐说，"这可不是爱情。"

当我从信封里抽出信来，感觉自己像个偷窥者，但这些信件吸引了我。一个女人写信给她即将出狱的25岁的丈夫：

什么女人卑微地像你指甲里的污垢？毫无疑问我就是。但是

---

① 杜波依斯，20世纪上半叶最有影响的黑人知识分子，也是第一个获得哈佛大学博士学位的非裔美国人。——译者注

② 马尔科姆，少年时期是个不学无术的街头混混，贩毒、吸毒、滥交、抢劫、杀人，几乎无恶不作。后来自食恶果，被抓入监狱。入狱后，他居然从看字典开始，学习了世界历史、哲学、政治、自然科学等方面的知识，并参加了黑色穆斯林组织。出狱后，他投身黑人运动，成为声望仅次于马丁·路德·金的黑人运动领袖。——译者注

你要知道我爱你……你应该说生命短暂，我却一直错过。我想要爱我所背弃的家庭。我想要爱我的妻子……我要对她更好，她对我意义重大。但是你在我面前却总是像个生气又别扭的小男孩。

帕特，杰伊和比阿特丽斯说你可以回来，前提是你不会再打我。毕竟我们还是一家人，欢迎你回来。但我希望你能温柔待我……我打算给你六个月的时间把事情想清楚，想想你真正想要过的是什么样的生活。

令我感到惊讶的是，有很多信件是已经释放的犯人写给仍在监狱服刑的情人。我读到一封最近被释放的犯人写给情人的信件：

希望你一切顺利。深深地爱着你。好吧，我还在老地方。很抱歉错过你的电话——我当时正在办一个政府提供的免费电话。他们只给你 500 分钟免费通话时间，真是不像话。

这儿有很多无家可归的像疯子一样的流浪汉，我和他们少说吵了 20 架……这有几个同性恋女孩，但我还是要坚持自己的原则……如果当时能学点建筑技能，我今天就可以找到工作。这里有各种建筑相关的工作机会……但我不知道如何开叉车。因为健康原因，我也没办法长时间站立。

我也不能和家人一起过圣诞节了。亲爱的，我伤心又郁闷。我从未想过我会无家可归。我害怕无家可归。我想我生来就要承受这一切，也许有些可以避免。父亲有一辆卡车，我本应该学会驾车，至少年纪大了还有一技之长，这些技能现在就能派上用场。这里驾驶 18 轮大卡的机会很多。但我没有参加过驾考，又有酒驾经历，所以也没法开车。即使我确实找到了工作，也得晚上工作或上晚班。我无处可睡，收容所超过时间也不让人进。所以为了晚上能有张床，我必须在下午四点之前办入住，超过四点就没有床位了，这就是让人无家可归的制度啊，一点也不合理。

我想去申请伤病和残疾，但可能需要四个月的时间。宝贝，我只能在收容所过圣诞了……没有你的圣诞好难过。

这封信让人悲伤。我多希望有好消息告诉你。但不得不就此打住，因为我的信纸不多了。

圣诞快乐宝贝，深深地爱着你。

另一封信来自安哥拉监狱：

我不知道我们到底出了什么问题？我们曾经立下"同生死"的誓言。可是怎么突然改变了心意？爱情不会那么轻易消退，除非你一开始就从未爱过我。没有你我该怎么办？就这样忘记你？不，我做不到！我不会放弃，没有你我一无所有。亲爱的，我真的爱你，比其他人都更爱你。还有13天就是我们的结婚周年纪念日，我们已经结婚两年了，为什么你看不出我希望和你过纪念日？

宝贝，还记得你给我买的乔丹牛仔裤；我过生日时你送我的项链，上面写着"永远爱你，我的胖胖"；相框上写着"Run DMC①"；你在院子里给我的订婚戒指；最重要的是我胸前的文身，只要活着，我就会一直留着这它。我还要在臀部文上你的名字，写上："我永远属于贝茨。"

---

① Run DMC，美国黑人说唱乐团。——译者注

我们正在处理信件时，柏树区的惩教顾问走进了邮件室。惩教局的官员突然出现在监狱，并且带警犬搜查了整个监区。他说犯人们气坏了。明天肯定会有不少犯人因为丢失财物而申诉抱怨。

"不受理！"罗伯茨小姐笑着说，"不受理！"

他重复道："不受理！"两人都笑了。

罗伯茨小姐说："申诉不申诉结局都一样。"

"不受理，啊哈！"那个人离开了。

"哦，天哪，我得睡会儿。"罗伯茨小姐说，"昨晚我的狗闹腾，搞得我整晚都没睡。"

"上帝为人类创造了狗。"瑞诺兹说。

"是啊。"罗伯茨小姐说。她和我们说起了她曾经养过的一只狗。

"我做什么，它做什么，就像是个小婴儿。"

一张卡的正面写着："身不由己……"打开卡片，里面写着："通过基督，万事皆有可能！"里面还有一封犯人妻子的信：

又想起了你。这里的一切又让我想起了你，该死的！这种奇怪的感觉让我觉得你好像存在于我的灵魂之中。一想到要失去你，我就担惊受怕。我祈祷你没有忘记我。我也许没有给予你最大的支持，但是你也不知道分开以来我所经历的痛苦。我有两次吞食镇静剂，可是都没死成。上帝和我开了个玩笑，除了你我一无所有。没人在乎我是饥是饱？是好是坏？是死是活？我一个人苟延残喘，出入精神病科，不愿再想起你身处囹圄的痛苦。

你永远是我的一切。

爱你的妻子

当我交接班后，这封信一直困扰着我。我将笔记本和手表上的文件上传到电脑上，辨认笔记本上草草记下的文字，操作录音笔前进后退，并和笔记本进行对照。洗澡吃饭以后，我又坐在电脑前做了些笔记。摄像机放在厨房桌子上，里面记录了一天的事情，我坐在摄像机前，忽然想起：她要是自杀该怎么办？

我想跟别人交流一下，但是杂志社的同事们并不了解这件事情，这里的同事也不知道我的真实身份。我下班后也不和其他学员一起出去。想到监狱的同事并不知道我正在写他们，感觉怪怪的。我感觉需要放空自己，于是拿出手机给在纳契托什认识的一个人——安东尼发了一条短信。

我在镇上唯一的俱乐部遇到安东尼时，他正在玩台球。这个俱乐部名叫巴蒂，是一个用瓦楞钢搭起来的棚子。安东尼是一名阿富汗退伍军人，曾给我看过他胸口的枪伤。他坚毅的眼神里透着一丝不羁，带着卷边的帽子，前臂上文着一个看起来很普通的部落文身。我们用小塑料杯喝酒，在一起打台球。他称北方人为"洋基队"，似乎并不介意我也是从北方来的。当我告诉他我在韦恩工作时，他说他曾在那里坐过牢。*你见过比利·鲍勃了吗？* 他问我，*他是 SORT 队员，曾是一名海军，你最好别招惹他，你问问他小腿上的枪伤。*

安东尼给我回短信让我去拖车停车场。他们要在那里办派对。

安东尼的拖车破败不堪。袜子挂在灯上晾晒。塑料杯散落一地。桌子上堆满了大盒的烟花。我和马特打了个招呼，他是个身材瘦长的白人卡车司机。我碰到了安东尼的弟弟、两个姐妹、一个侄子，还有自称是"典型黑人"的一个朋友。安东尼在拖车场做维修。他和母亲有两辆拖车。他说："有了车我们就不会住监狱。"安东尼问我玩不玩"啤酒乒"①。我说从来没玩过，于是他们都好奇地看着我。

"你不知道怎么玩啤酒乒？"一位名叫布巴的白人说。

"不，我不是本地人。"

"加州也不玩啤酒乒吗？"布巴说，"可别去那里！"

安东尼说："他们那里也不能放烟花。"

"啊？真无聊！他们啥也玩不了。"

他们都不爱喝我在加油站买的淡啤酒，而更愿意喝他们自己的清啤。大家又开始讨论起啤酒乒的规则。我们按照哪种规矩玩？如果球从几个杯子反弹然后掉进一个杯子，对手是否必须喝掉球碰过的每个杯子里的酒？当一支球队只剩下四个杯子时，要重新摆吗？我们要玩死亡杯吗？一队把球扔进另一队队员手中拿着的杯子，这一队会自动获胜吗？

我们把一个乒乓球扔进了装啤酒的塑料杯。那个写信的女人真的会吞下那些药片，还是她撒谎只是为了得到狱中男友的关注？她是如此绝望，以至于不得不向一个深陷囹圄、无能为力的人哭诉寻求帮助？我时常苦苦寻找自己在这中间所扮演的角色。我在这些事件中参与了几分？我是不是不该来到这里，和一帮对我记者身份一无所知的人待在一起，并且也许有一天他们还会出现在

① 啤酒乒，一种游戏，一般是把多个塑料杯在长桌的两端排成三角形。游戏一般有两方，桌子两边各有一队，而每队至少两人。当球成功落到杯子里，防守的一方就要把这个杯子里所有的啤酒喝光，然后就要撤掉这个杯子。哪一方的杯子先被拿光，哪一方就输掉了游戏。而输掉的一方就要把赢家余下杯子里的啤酒全部解决。——译者注

某篇报道中。这到底对不对？我在杂志社的同事们都认为我应该尽力做好监狱看守的工作。但我们从来没有谈过一个问题，而且是一个对我来说更重要的道德问题：我深入到监狱是否合适？我眼见这些人被关起来，日复一日。他们中有些人从小就被关了进来；有些人因为吸毒入狱；还有些人则是为了生计迫不得已犯罪的穷人。我告诉自己，为了调查真相，有时必须深陷其中。但是看到警卫打犯人时，我该怎么办？我是该阻止他，还是该记录下来？如果写这封信的女人是认真的，我要视而不见吗？如果她自杀怎么办？

布巴和我输掉了比赛，不得不喝下六杯清啤。他喝完酒就走开了。我把酒倒在地上，找到安东尼，他正盯着堆满烟花的桌子，而马特和他正在悄悄商量着什么。"我们去抓住那个黑人。"马特一边跟我说一边递给我一个球拍，"你到左边，我到右边。"我没有跟着他们。两人追着黑人到处跑，往他身上扔球拍。

"你看，肖恩，军人就他妈的喜欢打闹。"马特说。他和安东尼都是退伍兵。他让安东尼再给他拿一杯啤酒，然后把身上的衣服脱到只剩内衣裤。附近有人手拿烟花棒，一只斗牛犬向上跳起，想要够到烟花棒喷出的火花。安东尼也脱了衣服。一个女人问他们要做什么。马特说："军人的玩法。"他抓起一个大爆竹，通常是放在地上点的那种，点着之后，人需要趁烟花还没有爆时赶紧跑到一边。马特把烟花放在腿上，做好了准备。安东尼点着了爆竹——"来吧！洞中之火！"——然后他在马特背后蜷缩起来。只听到砰的一声！

安东尼兴奋地又拿起一个爆竹。"点这个，黑鬼！" 砰！

"肖恩，你也来玩一轮？"

"不，我不玩。"

"来吧，肖恩。"马特说，"兄弟，军人就他妈的喜欢闹腾啊。"

安东尼和马特都喝醉了，以为自己还在打仗。爆竹放完了，马特说但愿商店还开门。他要用手里的 300 美元去买爆竹，甚至要提前支出一天的薪水多买一些。

周末的时候，我决定告诉罗伯茨小姐那封自杀信的事，但上班路上，我坐在停车场，忽然又泄了气。如果她告诉别人怎么办？如果别人说我胆小怕事，不适合做这份工作怎么办？

通过安检仪的时候，我看到了罗伯茨小姐。"嘿，罗伯茨小姐？"我从她身后赶上她。

"嗯。"她温柔地说。

"我想跟你谈些事情。我本该周五跟你说，但是，呃……"她停下盯着我的眼睛。"我们上心理健康课的时候，老师告诉我们有发现任何自杀情况的都要报告——"

她打断了我，不屑地挥了挥手就走开了。

"关于一封信的事。"

"拜托，别操心了。"她边说边往门口走。

"真的不用操心吗？"

"嗯嗯，监狱里就是这么回事。"她指了指牢房，"是的，不用操心了。"说完她进了邮件室。

今天是我三天在职培训的第一天，也是成为一名合格惩教官的最后一步。看守长让一名教官把我带到榆树区。我们漫步通过走廊时，教官忽然说："给你个建议，永远不要把工作带回家。"他向围栏外吐了口烟叶。"出了门就不要再想工作了，就算你不喝酒，这工作也能让你喝酒。"研究表明，平均约三分之一的狱警患有创伤后应激障碍，人数甚至要超过从伊拉克和阿富汗回来的士兵。写着自杀热线的海报贴在监狱周围，一项针对佛罗里达州惩教人员和执法人员进行的研究表明，惩教官自杀的人数是平均自杀人数的 2.5 倍。惩教官人均寿命也短，没有自杀的惩教官比大多数人要少活 10 年。

过道安静得可怕。乌鸦聒噪，浓雾笼罩篮球场。监狱因为临时禁闭，所有活动都取消了。除了厨房帮工的犯人，其他犯人都关在监区。通常监区发生重大骚乱时才会临时禁闭，但今天一些惩教官休假，人手不够。监区主管让我跟着一名狱警——一名魁梧的白人老兵。路过监区时，一名犯人问为什么临时禁闭。他告诉那个犯人："你知道有一半的人都他妈的不想在这儿工作。"随后叹了口气说："我们缺人手，大部分大门都没人把守。"

"真是一团糟。"那个犯人说。

狱警说："伙计，这太糟糕了。要是监狱长问我，做什么能鼓舞士气。我就只说两个字：加薪。"他用保温杯喝了一大口咖啡。

"确实应该给你们加薪。"那个犯人说。

"天然气 4 美元一加仑时，在这儿一小时才给 9 美元。"狱警说。

"加油就花掉一半的工资啊！"

我们在监区周围慢慢走着。他说起他曾在非洲、加勒比海和东欧服役。1996 年他离开美国海军陆战队后加入了预备队，之后在油田找了份工作，一直干到 2003 年油田关闭，后来才来了韦恩监狱。"我比较保守。"他说。伊拉克战争时他离开了监狱，现在他又回到监狱上班。他说以前狱警可以打犯人，工作还好做。他指了指摄像机。"这些摄像头让你神经紧张。我以前可以随意把犯人拖到外面打一顿，现在可不行了。"

有个自称"监狱政治家"的犯人向狱警要行政救济申诉表格。他要对临时禁闭提出申诉——为什么监狱管理不善，犯人却要受到惩罚？

"行政申诉表格是怎么回事？"我问他。

"如果犯人觉得自己的权利受到侵犯，就可以提出申诉。"他说。如果监区主管拒绝受理，他们可以向监狱长提出上诉。如果监狱长拒绝了，他们可以向惩教部提出上诉。"这需要一年左右的时间。监狱的流程很快，但是一旦到了惩教部，就石沉大海了。我曾去过惩教部总部。我知道这帮龟孙子在那里干什么，那就是啥都不干。"

我在监区走了几圈，看到一个狱警靠在门上与囚犯聊天。两人都在笑。

我走到他们身边。"你第一天来这儿？"其中一个囚犯靠在门栏上问我。

"是啊。"

"欢迎啊。你进门的时候看到标语了吗？"

"学无止境？"

狱警说："学个屁！"他和犯人说着一起笑了起来。

"不，不是那个标志。"犯人说，"就是'用 CCA 的方式'，知道是哪个了吧？"他停了一下说，"伙计，随便你怎么想喽。"

狱警哧哧地笑了："这里面有些人是好人，有些人是混球，有些人连混球都不如。"

一个犯人头向后仰，手摸着胡茬说："你们怎么样对我们，我们就怎么样对你们。你们态度糟糕，我们也态度糟糕。"

狱警手抓着栅栏斜靠在门上，说道："他们也都知道，我有三个规矩，别打架，别捣乱，别手淫。但他们熄灯后做了什么——我在家里，也管不着。"

第二天，我来到普通监区——桦树区。监区主管是一位名叫普瑞斯的黑人女子，她身材肥胖，走路困难，所以每天早上需要一名犯人用轮椅推着她。不清楚是因为她下巴的赘肉，还是因为她对人严厉喜欢骂人，犯人们给她起了个绰号"龙"。她就像一个咄咄逼人的母亲，犯人们既害怕惹她生气，又希望能讨她喜欢。她从监狱成立之初就一直在这里，已经 24 年了。一位惩教官说，普瑞斯年轻的时候，一个人就能搞定犯人们打架。还有一个惩教官说，上周有一名犯人在她面前做了淫秽猥琐的动作。她直接从轮椅上站起来，抓住那个犯人的脖子，把他扔到了墙上。她说："你他妈的有种再做一次试试！"

上午普瑞斯安排我们搜查监区。我跟着一个惩教官草草检查了娱乐室，桌子、架子，以及翻了几本书。我弯下腰检查水池，感觉到水里似乎有什么东西。跪下来一看，竟然是一部智能手机。我不知道该怎么办？究竟是该拿出来还是任其留在那里？工作职责要求我拿出那部手机，但之前坐牢的经历让我感觉自己像个猥琐的小偷。履行狱警职责是一回事，但是临时禁闭的时候犯人或许也希望能有一点点自由，稍稍能摆脱监狱的控制，上上网，接触下外界？犯人当然也可能会用手机把毒品带入监狱，但我对此真的在意吗？坐牢的时候我也囤过抗焦虑药，只是希望晚上能有片刻解脱。那时要是能抽口大麻或是让我摆脱监狱的束缚，我连死都愿意。

可眼前要不要交出手机是个实际问题。我现在明白了，作为一名狱警也不能完全按照规矩来，因为最主要还是安全地度过每一天，这就需要权衡。一个犯人正盯着我。如果留下手机，这个监区犯人就会知道，那我也会赢得他们的尊重。但如果交出手机，上级会知道我工作认真，就会减少一些对我的怀疑。我想到SORT主管塔克的话，"我需要特别关注那些和犯人们相处不错的人""五个人里，有一半人都不老实"。如果我交出手机，他们会认为我没有出卖组织，就会减少对我的关注。如果他们不那么关注我，我就不会暴露身份。

于是我还是拿出了那部手机。

普瑞斯对此很高兴，惩教官们也对这一事件表示了极大关注，轮班主管也向我表示祝贺。可我有些讨厌自己。稍后清点人数的时候，每个犯人都用最恶毒的眼光盯着我。还有人凶神恶煞地从我身边经过。

后来在公寓附近的一家酒吧，我看到一个穿着CCA夹克的男人，就问他是否在韦恩监狱工作。他说："我之前在那儿工作过。"

"我刚到那里。"我说。

他笑了。"我跟你说，干上两班倒，你就不想干了，不信你等着瞧吧。"他吸了口烟，"这项工作太危险了。"我告诉了他手机的事情。"哦，他们一定会记住你的。我告诉你，这下你惹了他们，可树敌不少。如果你要还在梣树区的话，会遇到大麻烦的。"

他把台球摆在台子上说，以前有个护士给一个犯人打了一针青霉素，结果那人药物过敏死掉了。这个犯人的朋友认为护士是故意的。"当护士从过道经过时，犯人们对他一顿暴打，后来人们才把他救出来。"[①]他伤势严重。

三天在职培训的最后一天，我被领到了会议室，狱警时常在这里喝咖啡和能量饮料。在考特斯逃脱后不久，监狱长要求狱警每次交班前要开会。帕克站在前面，身穿卡其布的运动裤和一件防风夹克，"如果你们不介意，能睁开眼睛吗？你们都闭着眼啊。"他手肘靠在讲台上，就像是歌曲《我们欢聚一堂》中老板的样子。

"我们在一起开会碰面是好事，我敢保证这些犯人们正在开小会，商量怎么对付我们呢。"

他有点儿沮丧地说："还真是这么回事，有段时间我们被犯人们搞得团团转。还好我们做得不错。你注意到惩教局派来的三名狱长了吗？他们是过来监督我们的。"惩教局管理全州的监狱，自从考特斯越狱后他们就一直在密切关注韦恩监狱的日常管理。有狱警说，夏天发生了好几起斗殴事件，CCA 本应该向惩教局报告，但都没有。结果这些惩教局的狱长不知道从哪里就冒出来了，他们监督狱警们的工作，问他们问题。新来的狱警担心失去工作，老员

---

① CCA 称，他们对此事不知情。

工则对此不屑一顾——他们自认为也见识过韦恩监狱困难的时候。

"他们没看到的是我们取得的成绩。"帕克说，"我们有需要改进的地方吗？当然有，但韦恩正走向正轨。漫漫长路，不是说祥和就能一片祥和啊。"

"今天是什么任务呢？我们要注意犯人自制的衣服。"他说我们需要没收那些改制的制服和那些看起来像"普通人"戴的帽子。

他打了个响指说："检查那些邋里邋遢的犯人，穿着邋遢的牛仔裤也不系皮带，就是违规。着装不合适就没收，现在就开始清理。"

"今年就主要检查着装，不容许院子里有穿衣不合规的，但这工作也不能单单靠我。"当时我就想问，检查犯人着装能减少犯罪或是预防犯人逃跑吗？

"还有问题吗？监狱允许我们到这里喝咖啡是有原因的！是为了振作精神继续干活啊！你们喜欢喝咖啡吧？"说实话，喝咖啡是福利，但是这里的咖啡味道实在不怎么样。

培训结束后，我被派到了梣树区，普瑞斯给了我一把钥匙。她没说什么，我也没吭气，但我们都很明白拥有钥匙这件事的重要意义。作为一个实习生，我并不一定要拿钥匙。这把铮亮的铜钥匙有十几厘米长，拿在手里沉甸甸的。早上犯人们出去吃早饭时，我把钥匙插入匙孔，向左一转，门闩松开了。当犯人们经过时，我站在门边，手里紧紧攥着口袋里的钥匙，感觉光滑的钥匙齿压在手掌上。等最后一个犯人离开后，我抓起门闩，放进锁槽，关上大门。我一边走着，一边晃着钥匙环上的钥匙。

12

　　内战结束后没几年，塞缪尔·劳伦斯·詹姆斯在西费利西亚那纳区的密西西比河河湾买了一块地。因为这里曾有许多来自安哥拉的黑奴，所以又被称为安哥拉。内战前这里每年能生产 3100 捆棉花，产量之大在南方并不多见。可是现在这样的日子一去不返了。因为现在没有奴隶干活，也就不可能达到内战前那样的产量。

　　但是詹姆斯很乐观，虽然奴隶制已经终结，但是类似于奴隶制的做法在一些州开始重新萌芽。战前的犯人大部分是白人，现在 70% 的犯人则是黑人。密西西比州的棉花大王爱德蒙德·瑞查德森说服州政府，从监狱租来了犯人。战争摧毁了他的棉花帝国，如今他想重整旗鼓。监狱在战争中化为灰烬，州政府也需要有个地方来安置犯人。于是密西西比州政府答应每年支付瑞查德森 18000 美元用于监狱的维护，而他可以留下犯人劳动的利润。正是由于这些犯人劳工，他成为世界首屈一指的棉花生产大户。每年 50 个种植园可以生产出超过 12000 捆棉花。在佐治亚州，战争时期谢尔曼将军烧毁了监狱，战后政府也把犯人租赁给铁路修建商。亚拉巴马州将犯人租赁给了模型厂，而这个厂又将这些犯人转包给了煤矿和铁路修建商。

很快路易斯安那州也开始仿效其他州的做法。大量非裔美国人涌入监狱，大多数罪名是盗窃。1868 年路易斯安那州拨给监狱的费用是之前拨款的三倍。此时正是詹姆斯签订合同的绝好时机，但是这时一家名为胡戈琼斯的公司捷足先登，签下了犯人租赁合同。然而合同签订没多久，詹姆斯就斥巨资 10 万美元（约合 2018 年的 170 万美元）重新将这些犯人买了回来。詹姆斯和州政府签订了 21 年的租赁合同，合同约定詹姆斯第 1 年支付 5000 美元，第 2 年支付 6000 美元，21 年最高支付约 25000 美元，以换取对路易斯安那州犯人的使用权以及生产的收益。他花了几十万美元购置机械设备，将监狱改造成一个三层楼的工厂。一家报纸称其为该州最大的机械化工厂，每天可以生产 10000 码棉布、350 桶糖浆、50000 块砖头。工厂拥有俄亥俄州南部最完备的制鞋机器设备，每周可以生产 6000 双鞋子。《先驱导报》称，工厂规模庞大，诸如棉花、羊毛、木材等原材料需求的不断扩大，带动了整个路易斯安那州的经济发展。

詹姆斯有宏大的商业发展计划，但是手头还是缺少犯人来满足日益增长的需求。为了能够全天运转工厂的纺织机，1871 年他又引入了 150 个中国劳工。这些中国劳工（可能是定居在巴吞鲁日的第 1 批中国人）从亚拉巴马州乘船而来。他们从晚上一直工作到早晨 6 点，每个月能挣到 22 美元（约为 2018 年的 425 美元），差不多是供养犯人所需的费用。

1873 年，美国参众两院联合委员会代表团考察了路易斯安那州监狱，发现监狱几乎空无一人。过去曾经日夜运转的织布机，如今已经闲置。监狱长和监狱承包人都不在监狱。检查人员在报告中写道，"很难找到监狱承包人，事实上有没有还是一回事儿。""犯人在哪里？"事实上监狱工厂运行没多久，就闲置了。因为他发现转包犯人就可以大赚一笔，于是这些犯人被转包给修水坝或修铁路的公司，这些犯人劳工的费用只及正常工人工资的1/20。

路易斯安那州"重建立法会"的一些人想方设法试图遏制詹姆斯。1875年该立法会禁止让犯人到监狱外工作，因为议员们担心这会抢了普通人的饭碗，但詹姆斯对此并不理会，依然我行我素。一名巴吞鲁日的区法官起诉詹姆斯没有支付租金，詹姆斯不仅置之不理，甚至在接下来的6年里都没有支付租金。他已经到了势不可挡的地步。

类似詹姆斯这样的情况并不在少数。南部各州都将犯人租赁给有权势的政治家、南方的矿业公司或种植园，而对于犯人从事何种工作，工作多长时间几乎毫无限制。1872年密西西比州将犯人租赁给三K党的头目——内森·贝福德·福瑞斯特①，此人也在亚拉巴马州和田纳西州租赁犯人。佐治亚州将犯人租赁给7个承包商。这些承包商包括佐治亚州高级法院的首席法官约瑟夫·布朗，美国参议员、曾资助美国三K党分会的约翰·布朗·戈登。这俩人让犯人在新成立的戴德煤炭公司的煤矿工作。1880年布朗已经成为百万富翁。另一个承租人是佐治亚州立法委员会的成员

---

① 内森·贝福德·福瑞斯特，美国田纳西州的牛仔、奴隶主。美国内战爆发后，他率领一支骑兵队伍为南方而战，成为南方少有的骑兵名将，他曾在皮特堡屠杀了300名黑人战俘，战后出任三K党的头目。——译者注

詹姆斯·门罗·史密斯，他拥有战后南方最大的家庭经营种植园。史密斯一年承租约 400 名犯人，大部分犯人都被安排到种植园劳动，而小部分犯人则被转租给锯木厂、铁路修建商和松油生产商。史密斯依靠深厚的政治人脉，在当地资助修建了不少楼房。他曾开玩笑地对当地官员说："你们最好能再给我搞些黑人工人来，要不然我可就把政府的楼房收走了。"

美国大部分州政府都乐于出租犯人，在战后的最初几年，政府觉得只要监狱不拖累财政，收支的费用持平就好。但是后来他们意识到监狱犯人的需求量巨大，于是开始加码。在佐治亚州、密西西比州、阿肯色州、北卡罗来纳州以及肯塔基州，出租犯人一年收入大概在 25000 美元到 5 万美元，而在亚拉巴马州和田纳西州，每年出租犯人的收入甚至高达 10 万美元。1886 年美国的劳工局报告指出，实施犯人租赁以来的平均收益是监狱运营成本的 4 倍。

1885 年，作家乔治·华盛顿·凯博在一篇租赁犯人分析报告中写道，租赁犯人是州政府赚钱的重要手段。州政府不利用这样的机会，就是不顾缴税的大众。监狱于是不择手段不计后果地从犯人身上尽情榨取利润。而监狱年报也表明，最好的监狱就是对于州财政贡献最大的监狱。

1890 年有 27000 名犯人在南部劳动。各州通过了新的法律，确保几千名黑人被送入了劳动营。1876 年密西西比州通过了"偷猪法令"，规定偷盗任何超过 10 美元的东西，如牛或猪，就可以被判处严重盗窃，最高刑期为 5 年。1876 年该州的犯罪人数是 272 人，法令实施三年后，犯罪人数增长了 3 倍，达到 1072 人。

而几乎所有新增的犯人都是黑人。有些州为了保证长期的劳力供应，甚至要向犯人收取"犯罪费"。例如在亚拉巴马州，那些付不起犯罪费的犯人，就不得不以一天工作赚取 30 美分来抵扣"犯罪费"。威尔考克斯郡的阿贝·麦克道威尔，因为偷了一头价值一美元的猪，被判处了两年徒刑。然而为了付清犯罪费，他不得不劳动了近 4 年。格瑞尼郡的詹姆斯·杰克逊，犯了三项轻型罪需服刑 70 天，但是为了付清犯罪费不得不劳动超过 4 年。麦若郡的丹尼斯·伍德，因为重罪被判处两年徒刑，但是为了付清犯罪费又不得不劳动超过 9 年。

一般来说，这些犯人从事着普通劳力都不愿意做的最危险、最艰苦的工作。1876 年至 1894 年，北卡罗来纳州的犯人劳工建成了长 3500 英里的铁路。无独有偶，当时黑人囚犯的数量增长近 1.5 倍。密西西比州的铁路公司又将这些犯人转租给修水坝的公司。1884 年一个立法委员会发现："这些犯人几乎全身赤裸在齐膝深的沼泽地里劳动，用铁锹抹平崎岖不平、粘腻湿滑的地面，他们光脚被脚镣拴着，铁链生生磨着皮肤。他们日复一日站立劳作，被迫站成一排大小便，渴了只能喝被粪尿污染了的水。"

几年后，一个陪审团在检查过这个监狱后的报告中写道："有 26 个从农场和铁路工地带回来的犯人，其中许多人患有肺痨或其他不可治愈的疾病，所有人身上都伤痕累累，一看就是曾遭受最野蛮的虐待。大部分人背上布满鞭痕、伤疤和水泡，因为野蛮的鞭刑，有些人早已皮肤脱落……他们瘦骨嶙峋，奄奄一息地躺在薄板上。许多人吃不饱饭……任由虫蛆在他们脸上蠕动，身上只有几片肮脏不堪的破布，睡觉时连个像样的床铺都没有。"

这些犯人劳工价格低廉，也不会罢工，自由劳工根本无法忍受他们的劳动强度。一份密西西比州的报告指出，这些犯人工作时间长，劳动艰苦，工作效率比自由劳工高出 30%。南方的监狱俨然成为美国最大的流动牢笼。而条件艰苦的密林、沼泽和煤矿遍布着破烂不堪的犯人窝棚。

监狱关于租赁犯人的记录并不多。最详尽的要算是 J.C. 鲍威尔 1891 年出版的《美国的西伯利亚》。鲍威尔曾经有 14 年在佛罗里达州铁路公司和一家松油公司做监工。当时佛罗里达州私人公司租赁了犯人，鲍威尔负责在佛罗里达州北部的松林中搭建营地。1876 年秋天，他刚到那里不久，橡树镇的人们就迎来了 30 个犯人劳工，大部分都是黑人。这些犯人从火车上下来的时候，人们都吓得往后退。因为这些犯人面黄肌瘦，憔悴不堪，满身污秽，衣衫褴褛。鲍威尔写道："他们颤颤的躯干上锁着的枷锁咔嗒作响。他们此前一直在一家铁路公司干活，参与修建一条从热带沼泽到棕榈密林的铁路线。铁路公司既不提供食物也不提供住所，犯人们只能就地取材，搭一些半遮的泥棚。为了弄口吃的，他们只能趁着劳动间隙，挖些树根或者是从棕榈树上找些果实。"

有两个从火车上下来的犯人，手就像是某种猿猴的爪子，大拇指根部特别大，长度几乎和中指一样长，指尖齐平。这样的手指畸形是因为遭受一种被称为"吊刑"的刑罚。这种刑罚需要用绳子绑住犯人的大拇指，然后把绳子挂在树上，犯人不得不脚离地面悬空吊几个小时。在南方还有一种常用的"水刑"。这种刑罚则用皮带绑住犯人，将一根水管插入他的嘴里，水流灌入后犯人的肚子会不断膨胀，直到压力冲击心脏，犯人在这一过程中会感到濒临死亡的恐惧。还有一种常用的刑法叫"汗刑"。这种刑罚会把犯人关进狭小的锡制或木制的"汗箱"中，上面只在鼻子位置留一个直径两英寸的小口，然后把汗箱放到炙热的太阳下。箱内温度极高，以至于箱内犯人的身体将会开始膨胀甚至流血。密西西比州直到1925年还在使用这种酷刑，当时一项官方的报告表明有400名犯人曾在汗箱中接受长达4000小时的炙烤酷刑。

鲍威尔没有使用这样的刑罚，他自视为一个创新者。他会要求犯人跪下，脱下裤子，手放在地上，然后用1.5英尺的皮鞭抽打犯人腰以下的部位。不同于这些犯人之前干活的铁路公司，这家松油公司还搭了一间简陋的木屋，里面两边各有一个平台，让犯人们睡觉。晚上一根长链放在中间，上面有小链连在犯人脚链上。劳动一天后，犯人们被要求坐在平台上，并用链子拴好，然后才能够开始吃晚饭，晚饭通常有咸猪肉、豇豆和玉米面包。有时候鲍威尔在发饭之前还不得不把饭菜上的虫子赶走。吃过饭打铃之后犯人才能躺下。如果晚上有人想要调整一下姿势，则必须得到看守的允许。

这些犯人不论是盗窃犯还是谋杀犯，都被迫整天在松树之间劳动，在树皮上砍出楔形口收集松油。每一小组犯人之间用铁链相连接，这样个个相连，一个拽着另一个。鲍威尔经常看到有犯人因为劳累过度而晕倒，于是拴在同一条链子上的其他犯人只好在泥地上拖着晕倒的人行进几百米。全队的速度因此慢下来，那个晕倒的人跟跟跄跄站起来，揉揉眼睛里的泥沙，继续磕磕绊绊地向前。劳动非常艰辛，曾经有个独眼的药剂师，因为成绩作假被判处 6 年徒刑。为了逃避艰苦的劳动，他竟然用针扎瞎了自己的另一只眼睛。还有一个人为了逃避苦役，用斧头砍了自己的脚，虽然伤势严重，但是还能勉强跛行，所以鲍威尔就安排他砍木头。结果这个人把脚又放在砧板上，用斧头劈向旧伤口，最后他因为脚肿胀溃烂而死。

为了防止犯人逃跑，鲍威尔养了一些猎犬。为了训练这些猎犬，他会让一个人先跑几英里，藏在树林里，然后让猎犬沿着这个人的足迹去追踪。这样的做法和 140 年以后 CCA 的做法相同。与 CCA 做法不同的是，鲍威尔并没有训练猎犬去咬人，这些猎犬只是带领主人去寻找犯人。但是很多逃犯并没有抓回来。因为租赁犯人的行为在许多人口较多的地方并不受欢迎，当地人常常把逃犯藏匿起来。

民众厌恶租赁犯人的行为，甚至有一次当两个犯人逃脱时，鲍威尔的警卫都不愿意去追犯人，就权当两人是被杀了。

法院曾起诉鲍威尔等人的残酷暴行，居住在劳动营附近的居民也能证明他们的卑劣行径，但是鲍威尔和公司最终也没能被定罪。

在路易斯安那州，塞缪尔·劳伦斯·詹姆斯并没有留下犯人修铁路和大坝的记录。詹姆斯在新奥尔良州还有一处豪宅，用来招待上层名流。当地报纸的八卦栏目中常常报道"他们富丽堂皇的厕所和热情周到的款待"。从新奥尔良返回安哥拉的时候，詹姆斯一家人乘坐蒸汽船，他们在船上吃着精美的食物，玩着扑克牌，而船的甲板下面则装着犯人。种植园里有 50 个犯人，住在潮湿憋闷的 15 英尺×20 英尺的简陋房屋中，离詹姆斯 9 个卧室的豪宅仅有半英里。

犯人们白天需要打理宽敞的院子、修剪树木和清理马厩。

詹姆斯的外孙女塞西尔·詹姆斯·希尔斯顿就在农场长大，她在回忆录中回忆了在安哥拉的童年时光。她写道："我们有很多佣人，也有很多吃的。"她和哥哥骑着一头毛驴在院子里溜达，当毛驴不听话的时候，她就会让院子里的黑人男孩来牵驴。她曾经带着黑人小孩去商店里买糖果，也看到哥哥和黑人孩子在院子里一起玩耍，拿着弹弓玩打鸟和打蛇的游戏。

后来詹姆斯的女儿生下孩子，孩子就是由一名曾经犯有谋杀罪的黑人保姆带大，这个保姆对他们一直很忠诚。希尔斯顿写道，"与那些犯盗窃罪的犯人相比，外祖父更倾向于选那些犯谋杀罪的犯人当仆人。""小偷鬼鬼祟祟，在家里得不到信任，之前做过小偷，之后也会再偷，而那些犯谋杀罪的犯人大多只是因一时脑热犯了罪，过后也会后悔，所以可能不会再做同样的事情。"

每天早上，家里的犯人仆人会把咖啡送到詹姆斯的床前，并为他备好马，詹姆斯天亮以后会在地里四处巡查。希尔斯顿对于田园生活的美好描述，与留存不多的记者对犯人的采访记录大相径庭。在这些记录中，犯人们从早忙到晚，有时要受到鞭刑，还被迫穿着沾满泥污的衣服睡觉。地里干活的劳力也吃不饱饭。詹姆斯巡查回来后要吃上一顿丰盛的早餐，有培根、鸡蛋、谷物、饼干、面包、奶昔、咖啡、冰激凌和水果。中午吃饭的时候，一个黑人小孩坐在台阶上拉着一根绳子转动风扇，给詹姆斯一家扇扇子。工人要在地里干上一天的活儿，即使一天中最热的时候也不能停止。而詹姆斯一家会睡个午觉，等睡醒后才坐着马车到地里转一圈。

1894 年的一天，詹姆斯在巡查的时候突发脑出血死掉，他的遗体还曾放在豪宅里供人瞻仰。他把价值 230 万美元（相当于 2018 年的 630 万美元）的房产传给了儿子。

给詹姆斯干活的犯人比做奴隶时死亡的概率更大。1884 年，《每日小报》曾经写道："对于那些被判处 6 年以上徒刑的犯人，判处他们死刑是更人道的做法。"因为一般来说犯人都活不了那么久。当时在美国中西部没有向外租赁犯人的六个监狱，死亡率是 1%。而存在犯人租赁的路易斯安那州，死亡率则接近 20%。从 1870 年至 1901 年，在詹姆斯手下干活的犯人劳工中有 3000 人死亡，大部分是黑人。而在美国内战前，只有为数不多的种植园主有超过 1000 个奴隶，而且也没有死亡数量如此之大的情况。同样在南方，每年的奴隶死亡率约为 16%—25%，这样的死亡率堪比苏联的劳改营。在美国一些劳动营的死亡率甚至高于斯大林时期的劳改营。在南卡罗来纳州，1877 年至 1879 年间租赁给绿木公司（the Greenwood）和奥古斯塔铁路公司 (Augusta Railroad) 的犯人劳工的平均死亡率是 45%。1870 年亚拉巴马州监狱记录表明，有超过 40% 的犯人死在煤矿劳改营。有一名医生曾经警告说，亚拉巴马州的犯人可能会在三年内消失。但是这样的警告，对于那些靠犯人发家致富的人来说并没有什么意义。这些承租人并不关心犯人劳工的生死。1883 年（塞缪尔·劳伦斯·詹姆斯死后 11 年）一个南方人告诉全国慈善和惩教机构："在战前如果人们有个好黑奴，尚可善待他，如果生病了还让他看医生，保不准还会给他镶个金牙；但是今天，我们不再拥有这些犯人，死了一个就再找另一个。"

13

　　我正式履职的第一天，被安排到了柏树区的自杀留观室。整个监狱有1500名犯人，没有全职心理医生，只有一名全职社工——卡特小姐。上课的时候，她告诉我们1/3的监狱犯人都有心理疾病，10%有严重的心理疾病，近1/4犯人的智商水平低于70分。她还说路易斯安那州大部分监狱的心理健康工作室至少有3名全职社工。安哥拉监狱有至少11名全职社工。而在这里，有心理问题的犯人几乎没什么选择。他们可以约见卡特小姐，但是450名犯人的预约量意味着一个月最多只能见上一面。他们也可以预约非专职的心理医师，但是见面就医概率更小。还有一种选择就是申请去自杀留观室。

　　一名惩教官坐在两个自杀留观室的对面，留观室正面安着树脂玻璃，空间狭小，灯光昏暗。我的工作就是坐在留观室对面，观察里面的两个犯人，每15分钟记录一次他们的行为。卡特小姐曾告诉我们："不要写9：00、9：15、9：30，因为这样写的话，审计员就会觉得你是在敷衍了事，虽然我们确实是这么做的。不要总以15分钟为间隔，因为这会让你遇上麻烦。以14分钟为间隔，这样检查的时候就没问题了。"有个狱警告诉我，他每隔几个小时才记一次日志，根本不看犯人。

我记录其中一个犯人"坐着，保持安静"，而另一个叫达米安·科斯特利的犯人，则一次又一次地上厕所。他披着自杀毯（一种防撕扯的罩衣）坐在坐便器上，冲我大喊："嗨，你可不能坐在那儿！伙计。"他浑身赤裸，就盖着一张毯子，光脚踩在水泥地上，房间里除了厕纸什么都没有，没有书，也没有任何能分散他注意力的东西。

卡特小姐说，这样做对他们"既是威慑又是保护"。自杀留观室条件简陋，这样人们就不会轻易说想自杀。有一些犯人声称要自杀，不管出于什么原因，只是想从牢房出来，不想去保护拘留室。因为如果有人去了保护拘留室，其他犯人就会认为他是告密者。待在自杀留观室的犯人没有床垫儿，只能睡在钢架床上，伙食也很差。每餐只是一块花生酱三明治、六小根胡萝卜、六根芹菜和六片苹果。我计算了一下，一天三餐只能提供250卡的热量，少于美国农业部推荐的摄入热量。

CCA考虑到费用问题，颇为勉强才设立了自杀留观室。在这里一个狱警需要监督一两个犯人。卡特小姐告诉我们，如果有两个以上的犯人需要48小时以上留观，那么监狱就不得不请求上级允许。有时候上级公司不同意，那么犯人就只能放在监区。

科斯特冲我大吼："嗨，把那个混蛋弄走！我要跳到那张床上，把那个混蛋弄走。"

我向右边的房间看去，另一个犯人正坐在床上，眼睛盯着我，躺在毯子下面自慰。

我让他停下来。

"搬走你的椅子，别管我。"

他仍然没停，我起身拿了一张粉纸，写下了第一个纪律报告。我往出口走的时候，有一个眼睛下面文着机枪图案的犯人透过送饭口看着我，冲我喊："你他妈的在看什么？"

那个自慰的犯人对我说："你要打报告的话，我就闹腾一晚上。"

我说："好啊。"

他开始在牢房里又唱又跳。"写吧，狗娘养的，我不管了，又要关禁闭了。" "整夜，整……夜。" 监区里的其他犯人笑了起来。"这如果也算一次，我怕是被打了一百次报告了，我才不管呢。" 他在柏树区待了几年了。

科斯特问我在我们那边同性恋是不是合法（同性恋还没有在美国全国合法化）。我说是的。他说："我就知道，同性恋在这里就是犯罪，按法律规定，就是鸡奸。"他从送饭口里递出来一个空杯子，让我给他弄一些咖啡。我让他等等。

有个普通监区的犯人正在叫我："兄弟，我有精神病。"他的眼神透着一丝不安分，语气紧促。"我还不想自杀，但让我和这帮人待在一起很难受。"他监舍里的另外一个人坐在上铺，正在刮胡子。"还有，还有就是如果还让我在这儿的话，我就泼屎泼尿扔东西，我可不想那么做。"他说想到自杀留观室，又用手拍了拍脑瓜说："我得搞清我这儿出了什么问题。"管理员拒绝了他。现在自杀留观室有四个犯人，已经超员了。

科斯特说他犯病了，"我要头朝下从床上跳下去。"我告诉了中心区的警卫，她翻了下眼睛。课堂上，卡特小姐曾告诉我们，"除非他是精神有问题，需要打一针阻止他自杀，否则别理他。"精神科医生一般需要6个小时才会到。

有个犯人想要一个床垫，另一个则对我喊道："我有紧急情况。"我走到他的牢房前，他平静地说："我有哮喘，可是没有药。"他看起来呼吸正常，但是我还是按规定将情况报告给了中心的警卫。警卫有点儿恼火："你不是在自杀留观室吗？不是该待在那儿吗？"我看了一眼本应该处理这些事情的惩教官。他们坐在紧靠中心办公区的桌子边，看上去百无聊赖。

我于是又折回来，路过了科斯特和那个自慰的犯人。那个说有哮喘的男人在监区里生气地大喊："你们坐在那儿什么都不干吗？"他紧紧抓住栏杆，使劲儿摇门，好像要把门打开。"让我出去！"犯人们都随声应和起来，想让我感到难为情，因为我在他们需要帮助的时候却坐在椅子上无动于衷。

自杀留观室一直沉默的另一个犯人，这时也冲着送饭口大喊，"第三世界""白人的监狱可以实行注射死刑"。他的声音凄厉，一边大喊，一边用力拍打玻璃。"我就是恶魔，能够感到你们夜晚的恐惧，你们辗转反侧，难以入睡。哈哈，来跟我玩儿啊。"他使劲儿往地上吐了口痰。而坐在他正对面的惩教官正玩弄着手指，目光镇静，无所畏惧。

旁边牢房那个自慰的犯人正全身赤裸地盯着我，起劲儿地自慰。我装作没有看见，但他实在是太显眼了，我让他停下，他站起来，走到牢房栏杆前，在离我只有一米开外就大行其事。我于是离开，拿过来一张粉纸，他大叫道："别那样看，你会让我更爽的！"我没有回答，在纸上写上："别那样看，你会让我更爽的！"

与此同时，旁边牢房那个看起来有些精神分裂的人则一直拍着玻璃。"在这个看不见的世界里，这就是魔鬼要做的，干你！"我的心怦怦直跳，盯着地上的泡沫杯和水泥地上的污渍看了一个小时，试图分散自己的注意力。

这个时候正好赶上金警官叫我出去，我终于松了口气。上次在咖啡厅碰见他时，他正假装在拍一个女狱警的屁股。他让我重新写份报告，解释说光说某人一边盯着你一边自慰是不够的，解说的余地大，指控也不明确。他教我这么写：2015年1月15日，12点45分，我亲眼看到卡尔斯·金右手握着阴茎，一边盯着我，一边做出抽动的动作。

午餐的时候科斯特要求得到一份素食，但并没有被满足，他于是把肉从三明治中挑出来，只吃了两片白面包和几根胡萝卜，之后我看到他裹在毯子里，像一只茧一样睡着了。

又过了几个小时，监区安静了下来。只听到那个自慰的犯人冲着楼道喊："13监，给我弄点儿东西来。"几分钟后我看到过道中一只手将一个卫生纸包递给另一只手，从一个牢房传到另一个牢房，一直递到了那个自慰的犯人那里。他打开那个卫生纸包，拿出一根用纸裹成的烟卷。他冲着过道喊："有人有圣经纸吗？"没人回答。他于是拿出一根火柴点燃了烟，靠在墙上吸了几口，把烟递给了旁边牢房那个精神分裂的人。那个人吸了几口，又把烟递给了旁边牢房那个眼睛下面有机枪文身的男人。每个人都静静享受着抽烟的时刻。我和另一个狱警装作什么都没有看到。

几个小时后 SORT 带来一个戴手铐的人。这个人被带来时双眼紧闭，且流着鼻涕。我后来才知道，我的老教官肯尼在办公室做记录的时候被这个人打了。肯尼虽然现在住进了医院，但这个人也被喷了辣椒水。而这起事件的起因，则源于肯尼曾没收了另一个犯人的手机，于是那个犯人决定出钱雇人将他揍一顿。

肯尼好几天都没来，他的鼻子受了伤，还没有完全恢复。袭击他的人发出了很明显的信号：别碰我们的手机。之前我没收手机这件事表明我执行了监规，所以普瑞斯希望监狱长能把我一直安排在那个监区。所以我现在就一直在这个监区，很少见到其他学员。一起参加培训的人中，有三分之一的人都不干了。科林斯沃斯在桦树区上夜班。杜什女士担心哮喘病发作，所以也不干了。其他学员被分配到不同的监区，有的上夜班，有的上白班。

我也试着和犯人们缓和关系。我告诉他们，没收他们的手机也是实属无奈，而我能做的，只是建议他们下次把东西藏好。

一个犯人问："你不充警察了？"我回答说："我在这里不充警察，人不犯我，我不犯人！"

他们说："可别像你的搭档巴克莱^①一样。" 在一些监区，人员排班每天都在变，但不知为什么，我和巴克莱总搭班。我说我不会像他那样总是怨声载道。巴克莱是个身材矮胖的 63 岁老头，

---

① 巴克莱允许我在书中使用他的真名。

116

有时候给犯人们上"电击项圈"或是把钥匙塞进他们嘴里。他对监狱颇多不满，常抱怨"公司一点儿不把我们当人看"。因此他总是扳着指头数退休的日子。

我逐渐对巴克莱有更多了解。他喜欢读旧西部小说，喜欢使用像"gadzooks[①]"和"useful as tits on a boar hog"这样的词语，也喜欢在手工商店给妻子买些犯人做的东西。有一次，他给妻子的玩具独角兽买了一个手工制作的马鞍。"当时她非常开心，因为这个小玩意我们傻乐呵！"他嘴里总会粘着一片烟叶，因此总是有一股薄荷口嚼烟草的味道。

巴克莱好为人师。"你得和一些犯人搞好关系。"他说。大多数情况下，他指的是每个监区内的犯人协管。协管发牙膏的时候，巴克莱告诉我不要插手。"我只是工作时偶尔会纠正一下他们，可能会对某些人发号施令，但我也不想惹毛他们。"

没有这些协管员，监狱可能无法运作。每个监区都有一个主要的协管员，其工作是保洁以及整理内务。清点人数的协管要统计从牢房到监区的人数。分区的协管、地勤协管、院子协管、走廊协管、运动室协管负责各区域整洁。协管通常和狱警关系都不错，但是他们也利用一切机会向其他犯人表明自己并非告密者。而且他们也确实很少告密。他们讨好那些可以夹带私货的狱警，因为狱警的行动相对自由，更方便分发私货。我就碰到几个最得信任

---

① 来自 God's hooks，即基督十字架，用于 Jesus Christ 的委婉语。——译者注

的协管被抓现形的情况。

巴克莱经常偷偷地把他的午餐分给一个肌肉发达的协管，还说"这是我一开始时就养成的习惯"。为了控制局面，巴克莱也会灵活变通。曾有一个犯人四处叫嚣："操他妈的白人。"我们都有点儿害怕，但是巴克莱从另一个犯人那里买了香烟，然后给这个犯人，说："去你床上抽口烟缓缓呗？"没想到这招儿还真奏效。

肯尼反对向犯人让步，但实际上因为监狱管理人手不够，大多数狱警都认为应该和犯人合作相处。例如，巴克莱和我都没有时间护卫惩教辅导员，她办公室里没有摄像头，所以用了两名犯人当保镖（这违反 CCA 的规定）。惩教官压力大，不可能事事都掌控。我们也得靠犯人给通风报信，万一上面的人下来检查，也好确保一切都井然有序。趁普瑞斯不注意的时候，巴克莱就曾让一个名叫考纳·斯通的家伙离开监区，出去给犯人们买除臭剂、口嚼烟草、糖和咖啡之类的东西。犯人们不被允许到小卖部买东西，但他们还是想办法去。所以尽管知道考纳·斯通是装病，但我们还是会放他出去，因为这样一来就可以避免其他犯人老来烦我们。

考纳·斯通是一个 37 岁的黑人，但看上去却有 55 岁。他的头发散乱，衣服破破烂烂，脸上有些浮肿。他走起路来步态僵硬，就像是一个不想去参加会议的老头。他卖过毒品，8 岁的时候曾目睹朋友被枪打死，还曾因为有人叫他"黑鬼"和密西西比州的一些白人交过火。我不知道他究竟为何坐牢，但他坐牢 18 年，其中有 14 年都是在韦恩监狱度过的。

考纳·斯通不会让人心生畏惧，但他自己却很自信。他让狱警给他开门。他得意的时候，还坐在狱警的椅子上抽烟，以炫耀自己的地位。他和我们也好似同事一样谈话。那些地勤协管为维护名声，常常要大声宣称告密者就该挨打。但考纳·斯通不用向其他犯人表忠心，因为犯人们都相信他的忠诚。当我让他教我一些监狱黑话时，他婉拒了。

第一次见到考纳·斯通时，他正在过安检。他通过金属探测器时，安检仪发出哔哔声，但巴克莱和我都没当回事，因为我们过安检仪时也经常出现这种情况。安检仪是我工作前不久才安装的，目的是为了防止犯人夹带私货，但它实际就是个摆设。我们从不用它，因为安检仪使用时需要至少两名警察监督犯人排队搜身，这样就没有人手监督犯人进入监区了。安检仪发出哔哔声时，考纳·斯通对我说："嘿，你看看！我要再过一次，就不会叫了。"他从旁边通过，安检仪没有发出声音。我笑了。"这是我祖父许多年前教我的。"他说，"人类所做的任何事情都可以改变。这就像这油漆。"他指着墙壁，"我可以拿一把凿子，刮掉上面的颜料。一定能做出五十对坚硬如石的骰子，放到商店里卖。我所需要的只是水、颜料和卫生纸。"

因为家里没钱给他，所以考纳·斯通也学会了在监狱中赚外快。他帮人跑腿，犯人们就给他一些烟、咖啡和面条之类的东西。他也不白拿，因为他很清楚监狱里凡事都是有条件的。有些人馈赠给他一些食物、饮料或是毒品，看似是小礼物，实则是人情。而接受者若是没钱交换的话，就只能出卖身体。"我刚来监狱的时候，就干过五次这样的事情。然后噩梦就开始了，你不得不因为暴力或其他原因去求保护。这是最不应该做的事情，人首先要自强。"他不鼓励那些弱势犯人去寻求保护，也为了那些新来的犯人免受性侵犯而和其他人有过冲突。"看到这些事情发生，我很痛心，当一个孩子什么都还不懂的时候，你怎能放任别人就开始践踏他的生活？"

他有段时间不得不随身携带一把刀。"有时候这是最好的方式，因为监狱里有些人只知道用暴力，当你能够展示你的无所畏惧时，他们也会放过你。"

"他们总说监狱能改造人。"他说，"但监狱改造不了你，你只能自我改造。"

普瑞斯在的时候，我和巴克莱曾小心翼翼让考纳·斯通出去，他也小心不让自己被她看到。

早上开会的时候，监狱长和帕克助理都有些泄气。因为没人发现或者没收犯人邋遢的裤子和自制的服装。大家私下里说，如果帕克助理不希望看到犯人穿漂白的牛仔裤，他就亲自出手没收了，其他人为什么还要冒险做这件事情呢？有一天，帕克在的时候，巴克莱警告犯人们要藏好自己的帽子。

帕克问我们，为什么不让犯人穿他们自制的衣服呢？"我们要让犯人制度化，你们听过这个词吗？我们要让他们制度化，而不是个性化，这算不算是洗脑？自从这个国家建立监狱以来，几百年来一直都在用这一套。我们不能让他们感觉自己是个体，我们要让他们，怎么说呢？就是要让他们觉得自己是一群牲口。我们把他们从 A 赶到 B，到食堂去吃草，然后回到圈里，是吧？"

他的语调柔和下来："我很抱歉说这些，好像是在训你们，但是因为 2014 年发生的一些事情，尤其是那次犯人逃跑事件，我们的工作受到了高度的关注。"他说监狱长也一直找他谈话，"帕克先生，员工们感到害怕吗？培训够不够，他们敢上前没收犯人们的衣服吗？他们害怕吗？"

"很长一段时间我们都在走下坡路，所以我们现在要做的就是：快步爬山。"

狱警们对帕克的工作安排感到沮丧，因为他们要把犯人们带出监区，让他们赶紧去食堂，赶紧吃完饭，赶紧清点人。这样的工作安排需要更多的人手，但是人手不足的问题从未得到应有的重视。公司为了缓解人手不足曾从其他州调来一些人。有些时候，公司一个月要从亚利桑那州和田纳西州平均借调五个人。但是我不太明白他们为什么要如此做——要知道这些外来人员交通食宿的花费要比聘用一个当地人或是提高原本的薪资待遇花费更多。

帕克讲话的时候，我数了数屋里的人数。这已经成了我最近的习惯，也是唯一让我知道这监狱到底有多少人的方法。按照 CCA 和路易斯安那州签订的合同，早上 6 点开会时应该有 36 个狱警。29 个狱警需要倒班——包括监区地勤、前门看守、巡逻人员、倒班主管和医务室人员。人数有时候是 28 个，有时候是 24 个，但是都不到 29 个。这种情况有可能是夜班员工因为加班尚未下班或是有人迟到。尽管如此，加班的人数还是比监狱基本要求的人数要少，更别说达到监狱顺畅运转所需要的人数了。我后来拿到一封 CCA 和惩教部之间的来信，信中写到韦恩监狱普通岗员工空缺 42 人，管理岗空缺 9 人。监狱安保助理劳森小姐说，惩教部官员下来检查的时候，"我们需要找人补台，当然得付人加班费"。

通常可容纳 352 人的监区只有两名狱警和一名中心区工作人员。每个连接分道和主过道的门禁都应该有一名看守，但常常都没有配备人手。周末从早上 9 点到下午 5 点，每个监区应该有两名管理员（负责犯人改造和社会融入项目）、两名惩教咨询员（负责犯人日常事务）、一名监区主管（总负责监区管理）。但实际上，我从来都没看到这些岗位上有人。

在韦恩监狱这段时间，我注意到每天都有偷工减料的事情发生。中心区的管理员应该如实记录自己所巡查监区的情况，但他们并没有巡查，只是随意做个记录。州里面会检查这些日志，因为这些日志也成为狱警是否每半小时都进行安全巡查的唯一证据。但我几乎从来没有看到有人进行安全巡查，除非是惩教部的官员在场。科林斯沃斯告诉我，他在中心区工作的时候，工作人员并没有真的去安全检查，只是告诉他每 15 分钟到 30 分钟做一次记录。有一次劳森小姐曾因为没做记录，遭到了监狱长的责备。"我就写上每 30 分钟做了一次安全检查。"一个管理员告诉我，"这就是实际情况，除非上面的人另有指示，否则我们就是这么做的。"

为了弥补人手不够，公司还要求我们加班，这就意味着要连续上 5 天班，我才能有足够的时间开车回家吃饭、睡觉，然后再回到监狱。有时因为没有人替班，我不得不持续工作超过 12 个小时。有一天早晨，我甚至替班了一个连续工作 4 天的狱警。监狱长还曾让他连续工作了 42 个小时，连睡觉的时间都没有。

监狱长助理帕克告诉我们，惩教部曾要求在田纳西州纳什维尔的惩教官探讨 CCA 应该如何解决韦恩监狱的问题？而一个解决人手短缺问题的有效做法是将普通员工的工资提高到惩教部官员的水平，这些官员平均每小时挣 12.5 美元，比我们普通员工的工资要高出 3.5 美元。与此同时，应该恢复犯人改造和娱乐项目。但是劳森小姐说这样的要求在公司层面行不通。这些年只要监狱长们在开会时开口要钱，就总会是这个情形，"好吧，我们进行下一个议程。"

事实上 CCA 却采取了别的方法。我在自杀留观室工作几天后，监狱将所有地方职员撤出，换上了 SORT 成员。帕克说，这些人"时常使用武力"。

"我相信痛苦能增加蠢人的智商，犯人做了蠢事，就给他们些苦头，帮他们提高智商。一天晚上，A 犯人给了 B 犯人一个袋子，B 没有交出来，就被喷了化学喷雾。所以要想提高他们的智商，就得这么做！"

帕克还说："过去几周我突然明白了些什么。我关心这个机构，关心你们所有人，也厌倦了别人说韦恩监狱的人没有做好工作，甚至还有人说韦恩的人根本不懂监狱管理。"有些狱警默默地摇头。

"你们觉得这样好吗？面对这些指责你们肯定也不好受吧。"

会议结束后，大家都在过道上慢慢走着。一个粗脖子红鼻头、身着一身黑衣、名叫爱迪生的白人警官忽然说道："我厌倦了这一套。"他最近心情不好，SORT接手后，他就无法继续留在柏树区工作，这很让他伤自尊。而说一个人没做好他的工作，也算得上是给他最大的侮辱了吧。"我真的厌倦了这一套。"他说，"这个地方的安全状况如此差劲。监狱应该加强分区门禁把手，在瞭望塔楼安排人手，重新开放犯人们的锻炼活动，让他们除了吃喝拉撒、看电视，以及算计我们之外有点儿事可做。"他对CCA的总部明显不满，"这帮傻货除了控制底线外啥都不知道。"

今天主管把爱迪生调到了桦树区。来了新狱警就像是凌乱不堪的家里来了客人。巴克莱喜欢跟外人说桦树区犯人的糗事。等着开工的时候，他又开始抱怨："清点人数的时候，犯人们应该都坐在床上，可是有些犯人却不知道在哪里。"

"鲍尔，你打架怎么样？"爱迪生问我。这问题让我有点儿紧张，因为我可不擅长打架。

"还行。"我说。

"那咱俩一起。"他说，"我们今天就让这帮混蛋开开眼。别废话，赶紧坐到床上去。"

"不会吧。"巴克莱同情地说道。

"会啊。"爱迪生说。

巴克莱说："需要的时候，就得当大恶人。这地方需要这个！"

"确实如此。"爱迪生说，"要在1960年的话，给我一个

124

PR-24 警棍，再给每人发一罐汽油。"

"嗯嗯。"

"打败这帮蠢货，上催泪弹，打败他们，得让他们知道这里他妈的是监狱。"

爱迪生已经在韦恩监狱工作了一年半。我问他为什么到这里工作。他说："我这点儿本事只能干这个。"他是美国陆军游骑兵队的老兵，也曾是一名小镇的警察局长。

他说："那时连市议会都怕我三分呢，当警察的时候，我就知道要打爆他们。我一般都多带四个弹夹，不论上班下班，都如同在战场。不管穿什么，我都带着两个弹夹。胳膊上别着'格洛克 40'手枪，脚踝上别着'格洛克 45'手枪。来啊，一起玩啊。"

他眉头紧皱，拳头紧握。"帕克知道我因为调岗很生气。所以开会的时候，我就不能一声不吭了。我就要问，是不是不久以后我们就拿不到津贴了？我们忍受着惩教局一堆屁话，挣的又少，没人能受得了这个烂摊子。"他和我还有那些 1991 年就来到韦恩的普通员工一样，每小时只挣 9 美元。

到了监区，他停下来，我们也停下来。他说："你知道什么叫愚蠢吗？我见过谋杀犯、强奸犯、劫匪，但这里绝大多数人蠢到在学校附近抽大麻。法律规定对这种行为要判刑 25 年。虽然这些在学校附近吸毒的罪犯通常会判 6 至 8 年，而不是 25 年。但是一个坐牢，全家受害。而在韦恩监狱，大约五分之一的犯人被判刑是因为与毒品有关的犯罪。"爱迪生对于毒品犯罪的愤慨让我颇感惊讶。"正义他妈的在哪里？我们每天要在每个犯人身上花多少钱？"

巴克莱说，"乔治·华盛顿总统还种过大麻哩！"当你抽大麻时，"你是想坐在篝火旁还是在自己家里？""该吃吃，该睡睡，这就足够了。"

爱迪生从包里拿出一根香蕉说："补点儿钾，这可以保持肌肉紧实。"

"点名时间！"这个时候中心区的卡拉翰小姐喊道。我打开B1区的门，爱迪生走了进去。一名犯人站在水槽边刷牙。爱迪生冲他咆哮道："回你的床铺去。"犯人背对着爱迪生。"你是不是想去柏树区？"爱迪生走向他，指着门喊道，"回去！"犯人边刷牙边走了出去，他挥舞着牙刷说道："一堆废话。"正在这时，有一条牙膏恰好落在了爱迪生搭在附近椅子上的夹克上。

"好吧！笨蛋！来啊！"爱迪生一边大叫，一边把帽檐转到脑后。"我要把你弄到柏树区去，你再惹我试试！"那个犯人仍在继续刷着牙。

我走到监区，开始数人。"那个男孩会撕了他。"一名犯人在我经过时说道，"你的同伴要挨打了。"我脑子里没法数数，只想尽快离开这里。

当我们准备离开时，犯人们都聚到牢房门口，冲着爱迪生大喊。爱迪生吼道："你想成为下一个？退后！"但是犯人们都没有动。"把你们都弄到柏树区去！"

"操你！"

"白人！"

监狱长和金警官很快也来到了监区。监狱长让爱迪生靠边，他需要和犯人谈谈，以缓解紧张局势。爱迪生对我嘀咕道："安抚个屁！在越南我们知道如何安抚他们，朝他们扔上 500 磅的炮弹他们就乖了。"

监狱长让爱迪生跟着他。离开时爱迪生对我说："这可不够温柔啊。"

金警官把我拉到一边说："兄弟，我支持你。"他提醒我，犯人当着我的面在自杀留观室自慰那次，他支持了我。"我对你没意见。形势所迫的话，我也会暴打他们的，咱们写的那份报告，整的就像犯人要杀人一样，咱们那是自卫。哈哈哈哈！"

金警官虽然只在韦恩监狱工作了 5 个月，但他已经在惩教部门工作 8 年了。这里的一些犯人他从小就认识。梣树区有一名犯人还是他的邻居。金警官小时候曾在少年管教所里待过一段时间。他和爱迪生一样，也曾在军队服役，并一直感激军旅生涯改变了他少年时期的一些毛病。服役 22 年后，他在得克萨斯州一所少年惩教所找到了工作。有一天他让一个男孩离开篮球场，结果那孩子上来就抓住他的喉咙，想要掐死他。"我把他打得屁滚尿流。他已经 16 岁，身高超过了一米九。胆敢对我动手，他就不是小孩，而是个男人。我对他一顿暴打，但后来管理员却说，'警官，我强烈建议你辞职吧'，我可把那小孩儿好一顿打。"

"哦，好吧！"巴克莱说。

他指着自己的下巴和嘴巴说："我把他下巴和嘴都打烂了。"

"哦，好吧！"巴克莱说。

14

在塞缪尔·詹姆斯去世前的 10 年间，犯人租赁日趋集中在大公司，而不是个体商人手中。田纳西州煤炭钢铁铁路公司（简称TCI）是最大的承租人，也是南方最大的钢铁企业。该公司在田纳西州和亚拉巴马州经营煤矿。仅在亚拉巴马州，就有约 1.5 万名来自州和郡的犯人在矿井中工作。犯人在地下逼仄的巷道汗流浃背地辛苦劳动，他们爬进狭窄的巷道，躺在地上，砍凿煤块。虽然犯人劳工的死亡率很高，但是州政府并没有因此而惩罚 TCI。1889 年亚拉巴马州有 18％ 的犯人矿工死亡。有时重达半吨多的煤块砸在那些经验不足的犯人矿工身上。犯人们需要连续几周或几个月在令人窒息的巷道中挖煤，有时他们甚至会用镐自相残杀，有时候则会被看守用枪打死。有一次煤矿爆炸，炸死了 123 名犯人。为了摆脱在亚拉巴马州普拉特煤矿死亡的厄运，有时候犯人们只能拼死一搏，钻进像迷宫一样的废弃巷道，这些巷道中充满了逸出的甲烷或来自竖井的有毒气体。有几次犯人们放火烧毁矿井，希望趁乱逃脱。一个犯人在普拉特煤矿漆黑的巷道摸索了两三个星期之后死掉了。TCI 的劳教营常常爆发痢疾，死了不少人。犯人死后常被直接埋进矿井的废渣中。

亚拉巴马州卫生检查员曾经描述过一家较小的煤矿劳动营的

卫生状况。一些犯人们喝河里的水，而另一些犯人则在河的上游排泄。检查员写道："这种水人根本无法饮用。"劳动营外的炼焦炉将煤炭转变为富含碳的燃料煤，用来生产南方铺设铁轨所用的钢材。每天晚上犯人们都不得不呼吸着炼焦炉里排出的有害气体。因为这些有毒气体的存在，方圆几百米内寸草不生。然而根据检察员的报告，高死亡率不是因为犯人们的监禁条件，而是因为"黑人堕落的道德状况，因为纵欲而引发的难以治愈的疾病……现在他们不再受到主人的控制和照顾"。

亚拉巴马州和田纳西州的政府官员也开始将犯人租赁给煤矿。这两个州的犯人租赁制度在南方各州中最为严酷残忍，获利也最多。1880 年至 1904 年间，亚拉巴马州出租州犯人所获的利润占该州收入预算的 10%。田纳西州的囚犯租赁利润对国库的贡献也大致如此。犯人劳力的使用促进了采矿业的繁荣发展。1878 年至 1900 年前，亚拉巴马州的煤炭产量从 224000 吨跃升至 8500000 吨。伯明翰地区超过四分之一的矿工是囚犯，而亚拉巴马州一半以上的矿工是犯人。

将囚犯劳工引入美国煤矿的人是阿瑟·库勒，他既是一位报纸编辑，也是一个奴隶主。1865 年内战结束后，他卖掉了种植园，并让之前的奴隶到他的新公司 TCI 开采煤炭。奴隶制盛行的几个州经济几乎都以农业为主，但库勒迅速成为民主派推动南方工业化的先行者。对他来说，推动工业化的关键是要找到一种使用强迫劳动力的方法。他担心如果初期的采矿业完全依赖自由劳动力，那么采矿区将成为"宾州游民闹罢工的地方"。

库勒游说田纳西州政府将囚犯租给新兴的工业公司，1871年他的努力初见成效。州政府同意以150000美元的价格将犯人租赁给托马斯·奥康纳，而他则利用犯人们在全州各地铺设铁路和开采煤矿。政府甚至将不少少年犯都租给了他。1874年，田纳西州出租了123名18岁以下的犯人，其中54人不到16岁，有3人12岁，有1人10岁。他想尽办法从囚犯身上榨取利润，甚至还收集犯人们的尿液卖给当地的制革厂。犯人因病死亡后，他还会将尸体卖给纳什维尔的医学院以供学生们练习解剖。

1883年库勒的TCI与田纳西州签订租约，租赁了13000名囚犯。他解释说："公司租赁犯人的一个很重要的原因就是为了在工人罢工中增加胜算。"当时民兵、联邦军队和雇佣军经常参与劳动纠纷。在TCI签订租约的前五年，全国铁路工人抗议减薪导致铁路系统瘫痪，八小时工作制成为全国工会的主要诉求。只要TCI有囚犯在矿场工作，自由矿工就明白，如果为了提高工资而施加太多压力的话，他们很容易被取代。从囚犯租赁开始到1890年，田纳西州自由矿工的收入降低了一半。

内战前奴隶分为"全手""半手"和"死手"，TCI借鉴了这种战前对奴隶定价的做法，根据犯人工作水平将囚犯分为四类，并按照分类支付租金。"一等人"每天可以开采4吨煤，TCI每月支付18.50美元租金。对于"二等人"，TCI支付13.50美元租金。"四等人"只能开采不到一吨煤，公司只需支付犯人的基本食宿看守费用。相比自由劳工45至50美元收入的月收入，公司支付给犯人劳工的费用真是少得可怜。完成不了工作任务的犯人都会遭到鞭打。亚拉巴马州政府的一项检查显示，在 1889 年，仅两周内就有 165 名囚犯遭到鞭打。一名调查员说："犯人没有完成任务，或是煤炭里混入了石块，几乎都要遭到鞭打。"一名警卫回忆说："看守曾让犯人脸朝下脱掉裤子，然后用三指宽的两股皮带，在犯人的手和腿上鞭打五到十二下。"

尽管煤矿实施如此严酷的管理，亚拉巴马州劳工局局长在 1886 年的一份报告中仍为该制度辩护。报告称："犯人劳力比自由劳力更可靠，更富有成效……矿主们说，如果没有犯人劳力，他们就无法获利。" 亚拉巴马州还特别用一些篇幅向该郡其他地方证明这种实践的合法性。

1890 年亚拉巴马州犯人巡官 W.D. 李在辛辛那提举行的全国监狱委员会年会上说："你们北方没有我们南方的困难，所以对我们不能那么严格。我们外来人口多，大部分是黑人。犯人就是我们当前没有解决的最大问题。黑人的道德水平要比白人低。这些黑人三四代为奴，道德水平不断退化。虽然奴隶制是可耻的，但是奴隶制下黑人的文明程度是最高的。我不知道他们离开白人会变成怎么样。"另一位巡官阿尔伯特·亨利补充道："改造白人罪犯的手段几乎不可能适用于黑人。改造黑人就是浪费时间。"种族主义意识形态和利益驱使并驾齐驱，这与奴隶制如出一辙。如果改造黑人罪犯不可能，我们不妨让他们去采矿。

田纳西州痴迷于从 TCI 租赁中获利，甚至为此不惜参与到镇压自由矿工的战争中。19 世纪 90 年代，自由矿工开始要求改善工作条件。来自犯人劳工的竞争一直是自由矿工面临的问题。早在 1877 年，矿工们就用三桶炸药引爆了一个囚犯营房，以抗议公司对犯人劳工的使用。到 1890 年其他一些问题也引发了矿工的不满。公司一直在以支付购物券的形式代替现金结算工资，而矿工只能在标价虚高的公司商店中使用这些购物券。于是工人开始与国家矿业工会联合，要求 TCI 以现金支付工资。公司认为工会组织是个严重的威胁。为了平息这场骚动，TCI 以"矿井维修"为由，关闭了布里斯维尔的一座大矿井。两个月后这个矿井重新开放后，管理人员要求工人们签订"不容商量"的合同，其中包括不容许罢工、公司在纠纷中的解释推定权，以及支付工人购物券等条款。工人们拒绝签订合同，公司就要求犯人们推倒工人的房子，建起新的围栏，让新来的犯人们取代这些工人。工人们被赶走了。一周后在攻占巴士底狱纪念日（7 月 14 日），300 名工人手拿石块、手枪来到煤矿。他们把抓住的 40 个犯人赶进货车，送回了诺克斯维尔（美国田纳西州东部城市）的监狱，州军队很快又把这帮犯人护送回来，130 人的军队占领了临时监狱。

工人发泄不满的罢工后来发展成为对抗犯人劳工的战斗。第二次他们纠集了 1500 名全副武装的矿工，其中有一些人来自肯塔基州。他们围攻了布里斯维尔营地，还没有开枪，民兵指挥官就投降了。于是囚犯、看守和民兵不得不乘火车返回诺克斯维尔。几天后这些犯人又被送回矿井，但这次州长同意了矿工的要求，准备召开特别立法会议以废除犯人租赁。这似乎是矿工们的一次重大胜利，但立法机关只是利用这次会议来巩固犯人劳工制度。此后不论是发生骚动还是公司认定的紧急情况，TCI 都被允许召集政府自卫队。

矿工们开始对释放犯人比较谨慎。但是到了 1891 年万圣节，1000 名蒙面的矿工围攻了布里斯维尔营地，他们将犯人放走并为其提供了食物和衣服，在那以后他们还放火烧毁了房子。有些犯人逃到了肯塔基州，还有一些犯人跟着矿工们到了煤溪和奥利弗溪去解放更多的犯人。他们烧毁了公司财产，将公司商店洗劫一空。这次行动中约有 450 名罪犯被释放，其中约有三分之一再也没有被抓住。

为了确保犯人劳工的安全，该州在煤溪矿场外建起了一个自卫队营地，配备有战壕和加特林枪。在民兵的保护下，TCI 将自由矿工工作时间减少了一半，同时让 360 名囚犯全时段工作。1892 年整个夏天，矿工和民兵之间进行了激烈的斗争，营地烧了又建。

虽然矿工在与民兵的战斗中失利，但他们成功地打击了该州实施犯人租赁的信心。一位州长说："州政府实际上并没有盈利，因为矿工骚乱和斗争，州政府实际上赔了钱。"在叛乱之前，租赁的犯人每天为该州带来 75000 美元的收入（约合 2018 年 200 万美元），但是后来为了打击矿工和帮助看守囚犯，纳税人额外为自卫军支付了 20 万美元（约合 2018 年的 550 万美元）。田纳西州的改革人士赛姆斯说："这是投票民众的争论焦点，我们必须削减这笔费用，必须放弃租赁制度。"1893 年，田纳西州成为南方第一个放弃犯人租赁制度的州。

1907 年，即 TCI 在亚拉巴马州开始矿业生产的第 9 年，该公司被北方工业巨头美国钢铁公司（USS）收购。USS 是世界上第一家价值数十亿美元的公司，它对 TCI 的收购是迄今为止美国资本主义历史上最大的收购之一。由于 J. P. 摩根的斡旋，USS 形成了行业垄断。USS 公司负责人埃尔伯特·加里在其传记中写道，当他得知收购的矿业公司还在使用犯人劳力时感到非常愤怒。加里当时被视为奉行商业道德和践行先进劳工实践的领军人。他说："想一想！我从小就拥护废奴，在枷锁和皮鞭下驱使黑人劳动让人心忧！"

虽然加里对公司使用犯人劳力感到不安，但他并没有做出任何的改变。事实上，USS 在租赁犯人方面比 TCI 有过之而无不及。USS 接管 TCI 三周后就签下了租赁 400 名囚犯的新租约。1908年该公司与杰斐逊郡签订了一份合同，约定公司支付约 6 万美元承租当年被捕的所有犯人。此后 20 年 TCI 仍然继续使用犯人劳工。当 USS 出版纪念 TCI 百年历史的书册时（TCI 成立于 19 世纪 60 年代），书中对成千上万犯人劳工的使用和数百名犯人的死亡只字未提。道格拉斯·布莱克蒙写了一本名为《奴隶制的伪装》的书并曾与 USS 联系，但是高管们认为让公司承担历史的责任是"不公平的"。公司告诉布莱克蒙，他们已经找不到与租赁囚犯历史有关的记录。他们表示对埋在普拉特矿区的犯人尸体并不知情（普拉特矿区仍属于 USS），但是 1997 年 USS 还曾以墓地财产为由得到了土地免税。"那个地方是否有犯人尸体？"公司发言人对布莱克蒙说，"有可能，非常有可能。但我无法告诉你具体在哪里。"

15

加班的时候，我又被派到了自杀留观室。上次去那里还是好几个星期前，这次我感觉像是进入到一个秘密世界。由于 CCA 将外来的 SORT 小组安排在柏树区，所以目前唯一能进入这里的就是自杀留观室的警卫。柏树区已成为一个戒备森严的地方。我进入监区时天还没亮，刚一进门，眼睛就火辣辣的疼，鼻涕也开始流，空气中的胡椒味儿则让我不停地咳嗽。中心区的管理员是一个胖胖的金发女人，她正坐在办公桌前，戴着防毒面具写报告。

一名曾在阿富汗做过机枪手的 SORT 队员让我"深呼吸"，并问我是否需要防毒面具。我还不至于那么弱不禁风，所以拒绝了。

一间上锁的淋浴间里，一个裸体的男人正跌跌撞撞地痛苦呻吟。警卫称这名男子身藏匕首，早晨突击检查时想要把匕首藏起来，所以被喷了胡喷雾。犯人一直在说："好烫，好烫！"他呼吸困难，手指一张一合。穿着黑色制服的 SORT 队员走过去，好像并没有注意到他一样。监狱里的蟑螂疯狂逃窜，以躲避喷雾。

后来我听到留观室有人叫我，就是三个星期前那个精神分裂的犯人。他的牢房除了自杀毯和警卫给他的几个毯子外空无一物。他问我是否可以打开门通风，散一散喷雾。我问那个机枪手能否开门，他看看手表，略加思索，笑着说："别，他们没事的，能呼吸。"

这个犯人又问我能不能把监狱发给我的午饭给他。他说上周想多要些吃的，就踢门想引起警卫的注意，结果被警卫喷了两次胡椒喷雾。他还说"从来没见过有人用了那么多胡椒喷雾的"。

之后四个月，韦恩监狱报告使用化学药剂大约有八十次，是安哥拉监狱使用次数的七倍。而近十个月，报告"立即使用武力"的数量是路易斯安那州其他八所监狱使用总和的两倍。科林斯沃斯在中心区工作，他说有犯人对一名 SORT 队员骂娘。那位队员就给他戴上手铐，让他只穿内裤站到摄像头的盲区，用胡椒喷雾喷了他"大约八秒"。当科林斯沃斯提交使用武力报告时（事件发生后的标准程序），遭到 SORT 队员的嘲笑，"你应该报告什么都没看到"。而轮班主管也告诫他"不要打小报告"。

我注意到来自俄克拉荷马州的 SORT 队员会用手势交流。他们使用的是苏瑞诺监狱犯人帮派的手语，这些犯人从加州被转运到俄克拉荷马州，他们从这些犯人那里学会了手语。

美国最高法院在 2011 年因为加州监狱的过度拥挤对其进行了非常规的惩罚，于是该州与私营监狱签订合同，转运了几千名囚犯。俄克拉荷马州涌入了加州监狱的犯人帮派，SORT 队员告诉我这是一件"好事"，因为帮派纪律性强。"因为这种帮派文化的存在，他们就必须肃清监狱，保持纪律，否则的话就会有争斗。"

韦恩监狱没有帮派，这并非是因为监狱管理，而是与路易斯安那州的监狱文化有关。全国大多数监狱种族分歧严重，内部政治由种族化的监狱帮派决定，如雅利安兄弟会和墨西哥黑手党等。但路易斯安那州不同，这里没有监狱帮派。虽然白人囚犯私下也会向我表达种族主义言论，但其他监狱中显而易见的种族仇恨在这里很少见，个别犯人搞种族帮派也终会失败。这里的囚犯黑人占75%、白人占不到25%，不同种族的人因此可以和平地共用同一食堂，在同一个院子里闲逛，甚至在同一个宿舍里睡觉。

在爱达荷州，有人指控 CCA 为节省开支，放弃了对监狱帮派的管控。2012 年爱达荷惩教中心的 8 名囚犯提起诉讼，称"CCA 与某些监狱帮派之间建立了合作关系"，利用帮派成员管理犯人。随后联邦调查局发现，员工伪造了记录并且有些必要岗位上没有安排人手。爱达荷州惩教局的一份保密备忘录中显示，2008 年 8 月犯人之间的相互攻击和其他暴力事件数量大幅提高，爱达荷其他州立监狱每发生一起暴力事件，CCA 就会发生四起暴力事件。虽然"CCA 没有受到指控，也没有受到惩罚"，但是爱达荷州停止了和 CCA 的自动续约，开始向其他机构招标。当时曾在爱达荷州 CCA 监狱工作过的一位警卫说，"哪家也比这家强。"

我到柏树区两小时后，SORT 队长也过来了，他一脸怀疑地看着我，问我在这里干什么，并勒令我离开。

有时候犯人事先并不知情就会被转移到其他地方。犯人适应了一个监狱的生活，突然有一天警卫可能会告诉他该走人了。他们把犯人送到另一所监狱，犯人在那里得从头开始。犯人通常并不知道为什么换监狱，所以对此很恼火。但当北方一座监狱的警卫让约翰·科斯特利收拾东西时，他却以为这是他坐牢以来听到的最好消息。他即将被送到韦恩监狱，而他的弟弟也在韦恩监狱坐牢，他们已经十三年没见过面了。

他弟弟名叫达米安·科斯特利，我曾在自杀留观室看守过他。约翰并不知道弟弟坐牢以来，已经多次进出自杀留观室了。他最后一次见到达米安是在新奥尔良的一个酒店里，外面飓风肆虐，他们在屋内嬉笑打闹。当时二十岁的达米安开始四处逃亡。几个月前，有三个人在一家俱乐部里堵住了达米安。有一个人很生气，因为达米安和他的女朋友搞到了一起。那个男人把痰吐在达米安脸上。达米安向三个人开了枪，其中一个人被打死。不久之后，达米安被捕，被判处三十年徒刑，随后被送往韦恩监狱。约翰之前也是重刑犯，所以不允许去探视弟弟。他和达米安经常通电话，但后来约翰因为贩卖毒品被关押，就连电话也没办法再打给弟弟。他觉得能再次听到弟弟的声音真是太棒了。

约翰还没有办完手续，一名警卫就把他带到了一间房间。监狱长和一名社会工作者正在等他，他们带来了一个坏消息：达米安已被紧急送往医院，目前意识不清。约翰得知此事后大脑一片空白。他还没来得及反应，就已经被押上车，运往该州的另一所监狱。

达米安在自杀留观室待了两周后，一名SORT队员决定让他回到普通监区，和一位患有严重精神疾病的老年犯人待在一起。国家规定犯人只有在获得心理健康专业人员或医生的批准后才能从自杀留观室离开，但SORT队员懒得这样做。后来曾有犯人看到SORT队员把达米安带离监区去打电话。达米安告诉警卫他想自杀，那个警卫说他会回来接达米安去自杀留观室。但是并没有人来，其间达米安几次尝试自杀。根据监狱规定，这时达米安应该马上被送到自杀留观室。

警卫应该每三十分钟检查一次监区，但是一个半小时过去了，没有人来过。一个犯人使劲儿砸门，SORT 队员手里拿着胡椒喷雾冲了进来，大喊道："谁他妈的在敲？"

犯人喊道："有人上吊了！" SORT 队员赶到时，发现达米安的狱友正拼命抱住他向上抬，以减轻他挂在床单上的压力。当时他的狱友服用了安眠药正在睡觉，达米安把床单一端系在牢房顶部的栏杆上，另一端套在脖子上，从床铺上跳了下去。

当达米安的妈妈温迪·波特来到医院时，发现儿子已经没有了意识，而他戴着镣铐的脚踝也已经脱皮。让她最吃惊的是孩子的体型。达米安一直比较瘦，6 个月前，体重有 121 磅——但因为他喜欢锻炼，身上肌肉还算发达。不过现在，他已经瘦到脱形。达米安依靠生命保障系统维持生命的 19 天里，她一直陪着儿子。最终达米安还是去世了，年仅 33 岁，死时体重仅有 71 磅。

我联系了达米安的妈妈，想要更多地了解她的儿子。我一直在犹豫是不是要把那些在自杀留观室偷偷拍的视频给她看。我会写到达米安的死，也可能在网上发布一些视频。但她告诉我她没有孩子的视频，即使是孩子童年的视频。我希望至少在视频公开之前让她有机会看看儿子的镜头。我发给她一些片段：达米安在啃胡萝卜片；他通过送食口递给我一个泡沫塑料杯，问我能否弄些咖啡；他告诉我他要自杀；他像茧一样裹着自杀毯，安静地待着；他靠在监狱栏杆上。他说，"这糟糕透顶的 CCA，根本不是在改造犯人""除非关掉这个监狱，否则根本不会有所改变"。

她看了这些片段后给我打电话，声音听起来很悲伤。她没有想到监狱如此糟糕。"我脑海中一直浮现这样的画面，他坐在那里呼救却一直无人问津，这让我感到很心痛。"温迪定期给我打电话，诉说内心的不满。她想要起诉CCA，却还愁于无力支付达米安住院的账单。有一次接电话时，她说：*你不是说你在为杂志写文章吗？我儿子说我应该得到补偿。*我向她解释说，记者不可以向消息来源人支付报酬。她说：*也许我应该写一本书。你能帮我写本书吗？医院的账单是307.41美元，也许写本书，我就可以付清账单了。*

得知监狱返还了达米安的个人物品，我问温迪是否可以到新奥尔良去看看这些东西。到她家时，她身穿着一件印着"上帝真好！"的T恤，头上戴着一顶松软的紫色帽子，以掩盖她脑部手术后留下的伤疤。她比我想象的坚强，给人一种饱经风霜、历经磨难的印象。她还有两个儿子也都在狱中。孩子们的父亲们不是坐牢就是去世了。我们坐在客厅聊天，她年轻时因为吸食毒品无暇顾及孩子们，间接铸成了今天的悲剧。

"吸食毒品的时候，我看着镜子，请求上帝帮我。"当达米安坐牢的时候，她也在监狱短期服刑。孩子五岁时，她把孩子托付给孩子的姨妈照顾。尽管如此，她一直爱着孩子们。后来她戒掉毒品，重新回到了孩子们身边。即使他们在监狱里，她也会把攒下的东西给他们送去。

她拿过来一个装有达米安遗物的小纸板箱，里面有信件、糖果、一沓文件，以及照片。有一张照片是达米安坐在监狱院子里，他的身后有一排书籍——有马尔科姆和切·格瓦拉的传记，以及天文学、占星术和健康之类的图书。还有一张投诉表，写着CCA弄丢了他的金牙套。还有一张从CCA的网站上打印下来的一页纸，他特别标注了一句话："我们要经常关注犯人的心理健康，评估他们自杀的风险，如果需要的话要积极帮助他们。"

监狱里的人都知道达米安糟糕的精神状况。在他死前的三年半，他至少去过 17 次自杀留观室。他曾告诉一位狱友，他要自杀。他后悔杀死那个朝他吐口水的人。达米安的档案中，韦恩监狱的兼职心理医师写道："犯人自诉感到压抑焦虑，想要自杀，因为他一直听到被害者的声音，那个人在召唤他。"还有一次，一个监狱辅导员写道："他说在 CCA 他完蛋了。"

我翻阅着这些文件，脑海中勾勒出一个人的轮廓：他迫切希望得到心理治疗，不断要求从 CCA 得到帮助。在盒子里我还发现一封投诉信，达米安在信中抱怨韦恩监狱犯人改造工作不到位，犯人为了得到心理援助甚至要等上两年之久。他写道："就因为我还要在狱中服刑 20 年，并不意味着我不存在，并不意味着我不重要。"2014 年的一天，两个警卫突然摇醒他，把他拖下床，并用手铐铐住他，让他光着身子站在走廊里，还不断把他往墙上撞。还有一次他和其他犯人一起待在自杀留观室，没有人看守他们。两个犯人突然窜进来，把装满粪便的牛奶盒扔到他们的身上，当时警卫就站在旁边，但却选择了袖手旁观。"赶紧去查看监控录像，这样的罪恶行径一定会毁了韦恩监狱的名声。"他写道，"我害怕待在柏树区，因为这里一片混乱。"

达米安显然在监狱学习过法律。他起诉韦恩监狱的警卫拿走了他的两双鞋子，惩教局为此让 CCA 赔偿达米安了 47.32 美元。他曾投诉警卫违反惩教部规定，未经心理医师允许就让他赤身裸体待在自杀留观室。他还上诉到惩教局要求审理他的诉求，但是惩教局驳回了他的请求。

除了书面抗议，他还经常绝食以示抗议。有时候监狱不给他提供素食。监狱没有提供素食的服务，所以他只能把饭菜中的肉扔掉。有时他绝食以抗议 CCA 心理健康服务不到位。心理医师在医疗记录中写道：达米安在留观室"因为没有得到适当的护理和帮助，心情低落"。达米安认为声称自杀是唯一能被允许与心理医师会面的方式。心理医师还写道："犯人们一直以来就在玩把戏，试图操纵或者利用监狱系统。"

CCA 声称监狱的自杀率低于公立监狱。但果真如此吗？CCA 从未向州里报告过达米安的自杀情况。CCA 的发言人坚持认为达米安没有死在监狱，所以不能算是在监狱自杀。医院发现达米安脑死亡后，CCA 要求惩教局批准达米安"保外就医"。因为他是离开韦恩监狱后死亡的，所以 CCA 就不会记录自杀，如果记录的话会有损公司名声。

当我翻阅达米安的资料时，温迪不断递给我一些食物：糖果、薯条，等等。最后她坐下来说："他受苦了，这就是我不断给他寄钱的原因：他忍饥挨饿！他不吃肉，只是喜欢水果和蔬菜。他体重才七十一磅，这是因为吃不饱饭啊。"她的声音哽咽了。"我家里常准备一些吃的，也会分给别人一些！"她哭着喊道，"别人跟我要吃的，我从来都没有拒绝过，他才七十一磅啊。"她停了一下，深吸一口气："你知道我儿子电话里跟我说什么吗？'当我刑满释放，这地方也会倒闭，我们过着猪狗不如的日子。'"道别时，她递给了我一个早餐棒和一个橘子。我上车后吃了它们，然后就开车离开了。

16

在内战后实行囚犯租赁的 60 年中，对成百上千的非裔美国人的虐待和屠杀已经不是什么秘密。从最初报纸上的披露，到立法机构的检查都揭示出令人吃惊的黑人死亡数量，不少改革人士和立法者呼吁废除囚犯租赁。但人道主义的谴责从来没有叫停囚犯租赁，只有当囚犯租赁不再为有权势的企业家和政府财政带来巨额利润的时候，囚犯租赁制度才渐渐瓦解。

得克萨斯州的囚犯租赁制度首先发生了一些变化。该州的犯人租赁都由一个叫爱德华·康宁汉姆的人控制，他的甘蔗园一度曾有 1000 名黑人罪犯。康宁汉姆成为得克萨斯州最富有的甘蔗种植商，甚至在全国他的甘蔗园的规模也位居前列。他还把犯人转租给周边的种植园主。康宁汉姆所缴纳的租赁费，也只占到该州财政收入的 3%，还不足以保证他在 1883 年租赁合约到期后续租。于是他开始四处游说，为政府官员建立私人酒吧，酒吧里到处是香烟名酒以及奢侈品。为了不让他的行贿行为过于明显，他在酒吧里开设了一种"满贯扑克"的游戏，在这里即便是最差劲儿的玩家也能挣得盆满钵满。

但是没想到适得其反，报纸后来曝光了他行贿的伎俩。面对公众的质疑，也为了挽救生意和名声，他不得不放弃续约。此后州政府也不再允许一个承包商垄断犯人租赁，而开始将租约授予多个承包人。也正因为这些公司不能垄断犯人租赁，他们开始对犯人挑剔起来。州政府很容易就把年富力强的"一等犯人"租给那些煤矿、伐木厂和种植园，而监狱管理者不得不开始为承包商不愿意接收的"劣等劳力"或者是一些老弱病残的犯人发愁。1884年，曾经做过农场主、联邦官员和监狱负责人的托马斯·戈里开始大胆"实验"。州政府买了大概2000英亩的两个种植园，让劣等劳力、黑人、男孩和残疾犯人到种植园劳动。

事实证明这样的改革很成功，第1年州政府就盈利15000美元（约相当于2018年的25万美元），12年后盈利增长到5倍多。根据监狱系统的财政部门统计，这些在州种植园劳动的弱势劳力甚至能比那些为承包商劳动的犯人赚取更大的利润。在政府种植园劳动的犯人每人为政府盈利501.39美元，而那些为承包商劳动的犯人只赚取了178美元利润。在利益的驱使下，政府开始向议会要求购买更多种植园。1910年得克萨斯州已经拥有2万英亩的甘蔗园。单单1908年一年的产量价值就可以买下半个帝国种植园和整个拉姆齐种植园，6年后CCA的奠基人霍顿才成为监狱长，到1928年得克萨斯州已有12个监狱种植园。

然而种植园的工作条件并不比那些私人公司好。为了逃避在州种植园劳动，犯人们砍掉自己的脚，把碱液涂在刀刃上让伤口化脓，或是把煤油注入皮下。最常见的是从一只手上砍掉三根手指或者挑断脚筋。挑断脚筋的犯人们愈合后又会被送回种植园。有记录表明：从 1932 年至 1951 年间有近 900 起自残事件发生。

然而主张废除囚犯租赁制度的支持者认为州立监狱种植园更经济、更具人性化。19 世纪 80 年代和 90 年代，北卡罗来纳州、南卡罗来纳州、佐治亚州、弗吉尼亚州、密西西比州、阿肯色州和亚拉巴马州都购买了种植园，其中很多种植园今天仍然是监狱。1901 年路易斯安那州废除了囚犯租赁制度，从塞缪尔·詹姆斯家族购买了安哥拉监狱，并将其改造成最大的州立监狱，紧挨着几个种植园和大坝营地。州长接管监狱时说："惩教董事会不仅仅是接管一个大监狱，也要建立一个大型企业。"州立监狱农场成为南方许多州最主要的监狱管理方式。

犯人租赁和州立种植园并存多年，但是租赁已不像之前获利丰厚。这是因为过去是一家公司垄断，现在则由多家公司竞标，承包商的出价渐渐接近自由劳力的费用，让他们备感压力。各家公司的竞价越来越高，得克萨斯州犯人租赁的费用不断上涨。1908 年德克萨斯松油公司每月需为每个犯人支付 45 美元，加上管理和看守费用，花费已等同于支付自由劳动力的费用。整个南方都是类似情形，在佐治亚州犯人租赁费用 30 年间增长了 20 倍，到 1904 年就已经达到了自由劳工的工资水平。这样一来，犯人租赁就不再是商人们眼中的香饽饽，此外因为经济不景气时可以解雇自由劳工，自由劳工开始成为更具吸引力的选择。在佐治亚州和得克萨斯州，租赁犯人的费用达到使用自由劳工的费用水平后，租约一到期犯人租赁就寿终正寝了。

其他州的一些顽固派仍试图保留犯人租赁制度，主张废除者不得不提出一些创新方法。阿肯色州的州长多纳西是一位改革派，他在1908年的就职演说中要求出台法律废除囚犯租赁制度，认为犯人应该在州政府监督下到康明斯农场（该州1902年购置的一个农场）劳动。犯人租赁实际上在阿肯色州提前20年就已经"废除"。但是承租人和惩教官员仍然坚持犯人租赁，他们认为人数庞大的犯人已经超出了康明斯农场的承受范围。多纳西意识到不使出杀手锏难以斩断犯人租赁，于是亲自出手于1908年其任期末赦免了360名囚犯，相当于全州犯人人数的1/3。三个犯人劳动营一下子没有了工人。多纳西认为至少还需要两年，犯人的人数才可以达到之前的水平，第二年阿肯色州就永久废除了犯人租赁制度。

颇具讽刺意味的是一些最坚定的囚犯租赁制度的反对者奉行的却是白人至上主义。1900年密西西比州是美国经济最差的州，几千名白人依靠"农场租佃"生活，农场租佃是针对黑人奴隶设计的一种制度。一个名叫詹姆斯·金博·维达曼的报纸经营商，承诺从种植园主手中拯救那些失去土地的白人和黑人。1903年被追随者奉为白人领袖的维达曼开始竞选密西西比州州长。因为罗斯福总统邀请布克·T·华盛顿在白宫共进晚餐，维达曼就炮轰罗斯福是"喜欢黑人的卑鄙杂种"，称华盛顿是"黑人杂种"，由此赚足了大众的关注。他在竞选时期承诺要解决黑人问题，终止黑人教育，减少黑人的选举权利，废除无用的种族保护制度。他的竞选条幅上写着："给维达曼投票就是支持白人至上！就是为了我们国家的安全，就是保护我们的妇女儿童。"

第二年他当选州长，很快开始着手废除囚犯租赁制度。他认为这种制度牺牲了穷苦白人和州政府的利益，却让种植园主和铁路大佬大发横财。在议会会议期间，维达曼提到一项调查委员会的报告，报告中指出，因为密西西比三角洲各种植园主之间的利益分配，密西西比州从犯人身上赚取的利润大不如前。"如果私营农场主留一半的利润，还可以获利的话，那么州政府在自己的土地耕种并占有所有产品的话，必然能够获取更大的利润。"

维达曼担任州长之前，密西西比州购置了2万英亩土地用作监狱农场。他曾亲自监督建造监狱。他认为通过一定形式的再改造，可以教化黑人遵守纪律，养成良好的工作习惯，尊重白人权威，但是这种再改造必须以州政府的名义才能够实施。他坚称自己是"致力于解放大众而不是赚取利润"。然而以再改造的名义强迫黑人采摘棉花，确实为其带去了丰厚的利润。1905年，犯人在该州主要的监狱农场——帕尔西希曼劳动不到一年，就为政府盈利185000美元（相当于2018年的500万美元）。第二年密西西比州废除了囚犯租赁。10年间，监狱劳工为密西西比州创造了约60万美元的利润（相当于2018年的1470万美元）。

佛罗里达州一名白人男子遭到虐待死亡的事件成为对囚犯租赁制度的致命一击。这位22岁的白人男子名叫马丁·泰伯特，来自北达科他州一个中产阶级家庭。1921年他开始乘坐火车全美旅行，他靠在各地做临时工赚取路费，完成了从美国西部到中西部，再到南部的游历。11月他到达佛罗里达州的时候，身上的钱已经花完。当火车停靠在莱恩郡的时候，车上的警察因为他没有买票把他强行赶下了车。警察要求泰伯特交纳 20 美元罚款。但他身无分文，只能给他的兄弟拍了一份电报："急需 50 美元支付流浪罚金，请将罚金转交警察。"他的父母很快寄来钱，但是警察把钱退了回去，上面写着："当事人已离开。"因为泰伯特无力支付罚金，就被卖到了帕特南伐木公司，在采集松油的劳动营里干了三个月的活。

150 年前 J.C. 鲍威尔曾经在劳动营里当过看守，后来写过一本名为《美国的西伯利亚》的书。虽然百年时光一晃而过，但松油采集营的状况几乎没有什么变化。泰伯特穿着不合脚的鞋整天站在泥沼中劳动。他的腿脚又肿又胀，他想申请一条宽松点儿的裤子，但老板希金伯特姆置之不理。泰伯特后来腹股沟疼痛，医生给他开了药，但是希金伯特姆还仍然让他干活。过了一段时间，他还抱怨泰伯特故意落在别人后面逃避工作，于是让泰伯特躺在地上，当着 80 个犯人的面，撩起他的衬衣，用 7.5 磅的皮鞭蘸着沙子对他抽打了 30 鞭子。泰伯特在地上痛苦地抽搐，哀求希金伯特姆，却被希金伯特姆踩住脖子又抽了 40 多鞭子。他嘲笑道："你还是不能干活吗？"泰伯特挣扎着刚一站起来，希金伯特姆就用皮带头打他的头，泰伯特这次倒下以后再也没能站起来，第二天晚上就死掉了。监狱的医生检查了他的身体，宣布他死于肺炎和痢疾的并发症。

帕特南伐木公司给泰伯特的家人寄了一封信，称他们的儿子死于发烧，尸体已被掩埋，并对其表达了慰问。泰伯特家人起初相信了公司的说法，但是他们后来陆续接到一些犯人的来信，说泰伯特是死于谋杀。于是泰伯特的家人委托了一名南达科他州的律师前往佛罗里达州去调查泰伯特的死因，律师收集到的证据充分证实了信中的每一个细节。律师说莱恩郡的警长就是一个"猎奴人"，他和这家公司约定，每抓来一个犯人到劳动营干活至少三个月，他就可以得到 20 美元。

佛罗里达州的立法机构要求对泰伯特的死因进行调查，调查发现这个警长在和帕特南伐木公司签订协约以后，因为坐车逃票被逮捕的人数达到之前人数的 8 倍。一位在莱恩郡的犯人也证实了这位警长为了获取可观的利润，将人逮捕后放到劳动营干活。每逢深夜，这些被起诉流浪罪的人被带到醉醺醺的法官面前，他们没有律师在场，通常都会被判有罪。

泰伯特的家人起诉帕特南伐木公司以后，公司希望能以 2 万美元和解，以换取泰伯特家人公开声明免除公司所有故意犯罪的指控。然而泰伯特的家人对此并不接受。希金伯特姆起初因谋杀罪被判坐牢 20 年，但后来裁决被推翻，该州最高法院要求重新审理，希金伯特姆支付了 1 万美元便被保释出狱。在重新等待开庭审理期间，他又到帕特南公司另一个劳动营工作。1924 年 10 月 19 日，他因殴打并用枪打死了一名黑人劳工李维斯·巴克而再次面临谋杀指控。但与此同时，最高法院宣布希金伯特姆在泰伯特案中遭到的所有指控不成立。而在审理巴克谋杀案的时候，他因车祸无法到庭，之后也没有得到处罚。

在囚犯租赁的历史上，泰伯特案的关注度最高。《纽约世界》

对此案件的全面报道后来获得了普利策奖，因此推动了全国的纸媒集体呼吁废除囚犯租赁制度。一些知名组织如美国农业协会指责囚犯租赁是一项野蛮的制度。全国上下开始抵制佛罗里达州产品，佛罗里达州的旅游业受到了影响。1923年佛罗里达州废止了囚犯租赁制度。

1923年，亚拉巴马州参议员沃特·S.布劳尔提交了一项议案，要求废除亚拉巴马州的囚犯租赁制度。"泰伯特因为没有买火车票而被定罪，死在佛罗里达州犯人劳工营，这样的事情也会发生在亚拉巴马州。"第二年一个叫詹姆斯·诺克斯的白人囚犯，在亚拉巴马州的煤矿劳工营死去，他的死亡证明上写着：自杀。法官之后发现诺克斯实际上是死于水刑。他因为干活手脚慢，被施以水刑，大量的水通过管子灌入他的口中，詹姆斯就此死在一个水缸之中。法官在报告中写道："他被两个黑人放在了水缸中……可能是因为垂死挣扎和巨大的恐惧，看起来好像是死于心脏衰竭……为了伪造自杀的假象，他死后有人故意向他的胃里注入了毒药。"

佛罗里达州和亚拉巴马州是最后两个实行囚犯租赁的州，而泰伯特和诺克斯案推动了这两个州废除囚犯租赁制度。对于那些经历了这一制度的数千名劳工而言，这样的结局可谓喜忧参半。在囚犯租赁制度下，私人公司虐待和屠杀黑人长达几十年，然而最后这一问题得到全国关注，却是因为白人在劳工营遭遇了谋杀。

17

周六上午，我和巴克莱、卡拉翰到了中心区。我使劲儿揉揉眼睛，我们已经三天没有好好休息了，卡拉翰看起来也很疲惫，巴克莱却精神十足地跳起舞来，他上下挥舞拳头，左右摇摆屁股。因为昨晚在他管理的分监区，20多个犯人对着中心区的女员工手淫被关了临时禁闭，所以他很兴奋。

如果有犯人被送到了柏树区，虽然不像巴克莱那样兴奋，但是我心里还是悄悄希望上班的时候，一小撮犯人会消失。深夜一群人站在栏杆后面对着女狱警手淫的人中，为什么没有那个脸上有刺青的犯人呢？我害怕在B1监区清点人数。每次点名的时候，大家都从看电视房走出来，回到各自床前，而那个刺青脸每次都径直走到厕所。原则上清点人数的时候犯人不允许去上厕所，但是谁希望在别人撒尿的时候跟他打架呢？巴克莱向监区里面走去，刺青脸站在便池前开始小便，我假装没看到他。即便我没看他，也能感觉到他在盯着我。有时清点完人数，我瞟见他竖起的"小弟"，我们目光交会之后他就看别处了。他心里明白我知道他正在做什么。吃饭时间他悄悄对我说"今天是个好日子"，一边上下打量我，我真不知道该怎么对付他。如果点名的时候我把他叫出来，那么整个监区都会嘲笑我。没有比"打飞机"时被叫停更让人丧气的事了。我可以把它记录下来，但是我无法想象一个男警卫说一个犯人对他性骚扰，其他警卫会怎么想呢？此外刺青脸一直都小心谨慎。比如他会站在牢房里，手放在裤子里盯着我看。他知道即便我打报告也没什么大不了。除非我写上"我看到那名犯人手握勃起的阴茎前后抽动"，否则性骚扰的指控也不成立，我如果随意写的话，监控录像也会证明我说了谎。

自己是新手，总是微笑示人，常常帮犯人的忙，这让他们对我有所误解。每当有犯人叫我的绰号"明尼苏达"以寻求帮忙时，我都尽量有求必应。有些监区的微波炉坏了，我就拿着水、汤或者咖啡到另外一个监区帮他们加热。商店不开门的时候，他们问我能不能让他们出去一分钟去用面包换几根烟，我就会打开门。当他们需要床垫时，我让他们去见惩教顾问，或者给他们的律师打电话。尽管惩教顾问告诉我，她可不太想处理这些诉求。

但是刺青脸把我的友善理解为一种软弱，我怎样才能把握威严和软弱之间的度呢？我需要制定规矩并严格执行。正如教官曾告诫我们的，在中心区工作要坚守原则。因为犯人会考验你，你毫不动摇的话，他们就会乖乖听话。最简单的办法就是按照巴克莱的做法。如果我有自己的一套，两人的管理方式不同的话，犯人就会利用这一点。但我毕竟不是巴克莱。有时犯人违令出了监区，我事后打报告时都会反复思量，纠结犯人会不会因此被送到柏树区。我对此总是心存内疚，后来索性只对两类事情打报告，一是威胁到我的事情，二是犯人回到监区后拒绝回到所在的分区。大厅是犯人经常打架的地方，很多犯人聚集时就很容易失控，这也是我为什么选择这一条作为打报告的原因。我主要的工作就是不让犯人在大厅区域聚集。如果不建立权威的话，就不得不耗时和每一个犯人进行沟通。

我有时会想，我是不是对他们太仁慈了？放风的时候，我们甚至一个分监区一个分监区地走动，问哪些人想要出去。犯人本应该做好准备提前站在门口，这样等我们返回时就可以直接开门让他们出去，但事实是当我们打开分监区的门时，犯人们才刚刚从床上爬起来，稀稀拉拉往出口走。我们不得不关上一个监区的门后再去另外一个监区，但当这八个分监区想出去的人都出去以后，总有些犯人又叫我们开门，每个人都有自己的理由。我想让大家都能够出去放放风，所以最后还是让这些磨蹭的犯人出去了。我感觉这样做有利有弊，我对他们和颜悦色，他们往往会无视我，甚至对我发号施令。

巴克莱打开 A2 的门，一个正在上厕所的犯人让他几分钟以后再回来。"如果你现在不出来的话，你就别出去了！"巴克莱冲他大吼，然后使劲儿关上了门。当我们转完每个监区，那个犯人站在门口，让我们开门。巴克莱看着我说："你说呢？"巴克莱是在考验我吗？我犹豫了一下说："不，不能让他出来。"当我离开的时候，犯人开始冲我大喊大叫。

大厅清场后，犯人被关在院子里，卡拉翰让我去梣树区门口替班警卫蔡尔兹，他需要去完成每年的在线训练。惩教局的官员有时会冷不丁地冒出来，检查员工培训情况。我在门口看到院子里有 10 个犯人，有些人正在举 20 磅的哑铃，哑铃用铁链和地面相连。还有些人正在一个生锈的举重器械上做仰卧推举和腿部拉伸。蔡尔兹把钥匙交给我就慢吞吞地走了。

　　在小院里一个犯人冲着我喊："嗨，你听巴克莱指挥是不对的。"

　　"你在说什么？"

　　"我是说你为什么不让上厕所的人出去放风？"说话的正是早晨那个上厕所的犯人。他怎么在这儿？他用一种威胁的口气说："监狱长告诉我们，有什么问题就告诉他。巴克莱惹了我们是欠揍，兄弟！我们对你可是很尊重的。"

　　梣树区门口对面健身房外站着一名教官，他冲着这边喊："嗨，年轻人，那可不是什么尊重！"

　　"我又没有和你说。"

　　教官说："你真是没礼貌。"

　　"去死吧，你这个目中无人的家伙，我可不想搭理你，管什么闲事，一边儿去。"

　　教官说："过来我不揍扁你。"

　　那个犯人回击道："你可不配。"

　　"你也不配！"

　　"挣你的小钱儿回家吧！"

"挣小钱儿？你可不知道我能挣多少钱。"那个教官转身进了健身房。

我把那个犯人叫过来说："嗨！我知道上厕所的事儿。"

他说："没事儿，我们得好好相处啊。"

点名时间快到了，我把院子的门打开，问他们是不是要进去，一旦点名开始的话，他们就得留在原地直到点名结束。除了一个人外，其他人都回到了监区。

外面响起了几声枪声，院里一个犯人隔着篱笆问我："附近在打枪吧？"他大概20多岁，圆脸黑皮肤，前排牙有一个豁口，眼神既自信又平静，穿着戴帽的破烂灰衬衫，显现出胸肌的轮廓（后文简称"灰衬衫"）。

我说："人们有时候在树林里打猎。"从这里的围栏可以看到外面的黄松。

"灰衬衫"问："你喜欢这儿的工作吗？"

我："还好吧。"

"兄弟，我看出点儿问题来，你对犯人应该再严厉点儿。"

"确实是。"我说。

"是的，你应该对他们严厉一点儿，犯人们才会尊重你，把你当成个男人，你应该对他们强势一点儿。"

"我不喜欢那样对人。"我辩解道，"强势应该只是针对那些不尊重我的人。"

"你也应该那样对我！我可没有对你不尊重。你应该说，兄弟！这可是你自找的！有时候遇到有人威胁你，'操！你要是给监狱长打报告，我可饶不了你'，那你就难办了。"

"那总得要做些什么吧。"我说。

他笑着说："你不是认真的吧？"

"你觉得我在胡说吗？你要是找茬，我也能给你找点儿麻烦。"

我意识到周围很安静，过道只有我一个人。

"我坐牢是因为杀了警察，我不喜欢警察，可既然关在这里了，还得跟你们打交道，我现在有了孩子，可不想再做蠢事了。"

有一次 SORT 队员对他喷了十三次胡椒水。他在自杀留观室待过，也全身赤裸在牢房里待过一个月。"我当时肯定是疯了，用头撞玻璃，干了各种蠢事。""我可不喜欢爱迪生，总是一副老大的派头，他在部队待过，还干过保镖。"他觉得自己可能对爱迪生造成了威胁，"我可能是犯人中唯一一个有健身习惯的人，爱迪生看出了我身体的变化。"爱迪生说"灰衬衫"当时在牢房里放了个水瓶。因为牢房里没有自来水，他就让狱警帮忙灌上水。但是有一天爱迪生把他的水瓶拿走了，"灰衬衫"说："你个狗娘养的。"

爱迪生说："看来得喷你胡椒水。"

他反击道："要是敢喷我，我就先把你弄死！"

后来爱迪生路过的时候，"灰衬衫"往他身上泼了尿，并骂道："狗娘养的！弄死你。"当看守长和其他人让他从牢房里出来时，他拒绝了。一个 SORT 队员拿胡椒弹枪对着他，他就光着身子在牢房里兜圈。"我就是要跟他们斗，有本事就在这鬼地方打上一架，让他们进来一决高低。"

我问他："你杀了警察是怎么回事？"

他说他哥哥把几磅大麻从得克萨斯州运到巴吞鲁日，有个人想要抢这批货，开枪打中了卡车但并没有抢到毒品。枪声吸引了警察的注意，他看到有警察悄悄靠近并拍下照片，收集了足以起诉他哥哥的证据，所以他就尾随其后并杀死了其中一个警察。"我已经在这里待了 11 年，还有 19 年。"

他 13 岁的时候就被关押，17 岁的时候开始坐牢。第一次缓刑的时候，他和一个年轻的女缓刑官搞到了一起，还发生了关系。她老公是一个教堂助祭，但两人关系不好。她带"灰衬衫"去参加孩子的垒球比赛，他是在场唯一的黑人。他给孩子们买玩具，孩子们也渐渐开始喜欢他。他第二次又坐牢的时候，她还来看过他，但后来就不来了。"她现在还给我寄些照片什么的。"

他告诉我要重新规划工作重点，多考虑钱的问题，而不是犯人们之间的鸡毛蒜皮的事情。"相信我，在这个地方你能赚大钱。有几个警卫就狡猾得很，表面上维持秩序，实际上都肥了自己的腰包。"他盯着我说，"你肯定能比过他们，这取决于你怎么做。当狱警就算赔了命，也狗屁得不到，或许你在监狱里能搞点儿事情呢。"

他突然朝举重器械那边走去。我四下一看，有几个白人走了过来，他们是传福音的布道师，时不时过来跟犯人们谈谈话，发发小册子。我打开健身房的门让他们进去。"灰衬衫"又返了回来。

"这儿挺好混的。"他说，"讲真，这里是我待过最好的监狱了，啥都有，能看电视，能打电话，休闲放松时还能吸吸毒，你懂我说的意思吧，惩教局的那帮人也不来找事儿，因为普通人十有八九也挺忙的，他们到这儿都喝高了。"

他说这里真正的问题是打架。"打架影响赚钱啊，你懂我的意思吧，我就看到有几个人弄到五万美元呢，但是打架的人总是会搅局。你要是能制止打架，这里就不会那么招人耳目。现在人们又对这里议论纷纷。每天早上惩教局的人都来检查。每天都有人被打个鼻青脸肿，犯人们乐此不疲。"

我想起来搜查犯人柜子的时候，有人发现犯人袜子里藏着把锁。塔克对学员说："他们用这锁把人往死里打啊。"

"灰衬衫"看到肯尼走过来时就不再说话，但是他已经来不及走开。肯尼怀疑地看了我一眼，问我有没有看到维修工，然后就离开了。

"两周前有个惯犯刚收拾了他一顿。"

"梣树区的门钥匙。"卡拉翰在广播中喊道。

"好的。"我回答。

"院子里还有几个人？"

"我这儿还有一个，就一个。"

我问"灰衬衫"："那是怎么回事？"

他说肯尼是个"烂人"："他是照本宣科，什么都照规矩来，去他妈的规矩，我花了350美元买了个崭新的手机，结果你一来就没收走了。你说我怎么想？我妈刚跟我说花了这么多钱，以后不会给我买手机了。我女朋友说我花光了她们的钱，这已经是一个月里给我买的第二部手机了。太悲催了！"

"收拾肯尼花了多少钱？"

"我可没有说谎，要是狠狠收拾的话，得花 1500 美元。""灰衬衫"知道我拿了他的手机，也知道我对此犹豫挣扎过。他看到像我这样的警卫来了又去，看到我们彷徨失措、伤心难过，对公司不满，却只能慢慢变得坚强。他能够看透我的一言一行，甚至比其他同事还要更了解我。他说："犯人对你的尊重是赢来的，不是求来的，这都取决于你如何做。你明白我说的意思吧？你可以选择发牢骚、找茬、管别人，这样一来犯人们就不把你当回事儿。或者你也可以睁一只眼闭一只眼，对人宽容大度些。"

"这里很多犯人是十七八岁的年轻人，他们每天关在这里，啥事也不能做，很无聊的，要是你老压着他们，自然会被他们处处针对，你明白吧？"

"是啊，所以我得告诉他们别跟我乱来，你觉得我该怎么做，视而不见？"

"是啊，你就该那么做。"

我不确定自己说的是否在理，但是我脱口而出："不不，这可行不通，我要是视而不见，他们就会得寸进尺。因为我刚来的时候，就是那样的啊。"

他笑了起来："他们难道还能生吃了你吗？"

我说："人们会在想，他是害怕了，所以我需要展现出你们都别想乱来的架势。"

"人们不会那样想的，倒是你总穿紧身裤，很多人认为你是同性恋。"

我看了看自己穿的裤子，抓起松垮的裤腿说："不紧啊。"这已经不是我第一次听到这样的说法。

"但黑人可不这么看，他们看臀肌，就是穿上紧身牛仔裤后屁股的曲线。裤子穿那么紧，冬天都像穿了比基尼。"我们俩都笑了起来。"你走起路来像女人，我来这儿十一年了，你算是长得不错的。"我一边窃笑一边用靴子轻轻踢了下围栏。相比其他人，我对"灰衬衫"没有那么多戒备。"他们喜欢你，你穿着紧身裤，你不承认是同性恋？你说你有老婆，他们可不在乎。我就知道这里有四个员工虽然结婚有了老婆，可他们是同性恋。"

"可是你怎么知道他们是同性恋？"

他斜瞅了一眼。"不能说。"

我说："是谁啊？"

"我不能说。"

"我理解，你要是同性恋的话，也不想让我知道你的名字。"

我注意到头顶上的云朵。当我接受这个工作的时候，就暗下决心不可以说谎，但是我也没有必要去修正别人对我的误解。我还能干多久？让他相信我是个菜鸟，从他那里挖到更多的信息？我一直认为犯人和警卫之间的障碍无法逾越，并不太可能有真正的交流，但是眼前的这个人非常坦诚，明显和其他犯人不同。况且能有像他这样的犯人帮我的话也是好事，因为其他年轻的、捣乱的犯人会乐意听他的话。如果他能站在我这边的话，也许我的日子能轻松些。

我问："你叫什么名字？"

他有些犹豫："德瑞克。"

"德瑞克什么？"

"哦，我可不想说。"

"我要查的话也可以查到的。"

"你能查到，但也没那么容易。"

"好吧，那就不必告诉我了。"

"好吧，就告诉你吧，德瑞克·约翰逊。我也在想，以后可能遇到什么事，你也会关我禁闭。你保不准也这么想吧。"

我说："没错。"

"不那么想才怪。发光的可不一定都是金子，人说的话可不一定都是真的。"

蔡尔兹很快培训完回来了："年轻人，你可以回去了。"

"你培训完了？"我问他。

"我放弃了，我又不懂计算机，性骚扰那一部分没过，还得再重新弄一次。"我把钥匙给了他，就回了监区。

午饭后广播调度让我们叫几个人出来。"所有监区注意，呼叫一三零队、杰西队、篮球队的人，以及纽约队和印第安纳队的人。"

"纽约队和印第安纳篮球队的人！"我在监区里喊人。"一三零队！杰西队！"我打开门让他们出来，然后到下一个监区叫人，巴克莱也去叫人。监区里一下子有了生气，笑声、说话声、咒骂声此起彼伏。

"嗨，告诉我一下你的工号。"一个犯人对巴克莱说。

"想得美。"

"我今天得记一下。"

"我说了不给就是不给，就这样！"巴克莱吼道，"你要再问我要，我就给你打报告。"

"可我……我……我正有个进行中的案子啊！"

"我才不管呢，你别想问我工号，该死的，巴克莱就是我！"那个犯人笑了起来。我从巴克莱身后看到那个犯人，自己也偷偷笑起来。这都多少次了，巴克莱永远都搞不清犯人是在逗他呢。

我打开 A2 的门，一个脖子上有鸢尾花图案的男人走出来。我烦透了这人色眯眯的眼光。有时候让犯人去食堂的时候，他和那个"刺青脸"就站在中心区，对我上下打量。

我问他："你要去哪儿？"

"我要去院子里。"

"现在不能去院子里。"

"少来了，大家都出去了，我也要出去打篮球！"

"不，你不能出去，回去！"

他站在门口不让我关门，目光呆滞。

"你要是不退后，我就要打报告了。"我问他要 ID 号码。

"我要出去，大家都在外面。"

"他们去院子里是有别的事情。"

他退了几步，我关上了门。"把你的 ID 号告我。"

"操你！"

"好吧，你要玩这一套，那你得逗了。"我先让别的犯人出去。德瑞克站在监区的前排，我知道他不玩篮球，但我没说什么让他也出去了。

过了几分钟，广播里通知把犯人带到院子里。我又一次打开A2的门，"鸢尾花"洋洋得意地出来了。我说："给我ID号。""你要是敢打报告，我就揍扁你。"他攥紧拳头，紧咬牙关，"打烂你的嘴！"我等着他来打我，不确定自己是不是要举起拳头反击，这是不是让我看起来有些害怕呢？

我说："放聪明点儿，别那样和我说话。"然后就走掉了。

他叫嚣道："放老实点儿！"

我让另一个分区的犯人出来，"鸢尾花"和"刺青脸"站在一起，生气地朝我这边瞅。那天大部分时间，我都不敢背对犯人，心里有些害怕，害怕他们突然朝我扑过来。当我看到金警官后，就告诉了他事情的缘由，希望他把"鸢尾花"弄走。金警官把"鸢尾花"拉到一边，让他回到监区。他竟然拒绝了。

"我真想关这个混蛋禁闭。"金警官后来告诉我，"竟敢挑衅警卫，我真想把他推到墙上，用手铐铐住他，把他弄出去，但是我们得现实点，要是现场动武的话，后援在哪里？有人支持我们吗？作为一个领导我也不想说这样的话，但是情况确实如此，我们得认清现实。"

当我再次看到"鸢尾花"的时候，他一脸坏笑。

我站到一边，深深地呼吸，目视天空，教堂的尖顶划过落日夕阳，夕阳洒下金色的余晖。德瑞克走过来，站在摄像头下面，这样就没有警卫可以看到他。

他说："干什么呢？"

我说："准备回家。"

"累了吗？"

"是啊。"

"是啊，兄弟，就是这样，透口气数几个数回家吧。"我深深吸了口气，慢慢吐出来，抑制住自己想告诉他真相的冲动。我不相信他，也不相信这里的任何人，所以这要紧吗？巴克莱也帮不上忙。我和巴克莱说这些问题的时候，他还在为 CCA 不关心我们的事情大发牢骚。

"家离得近吗？"德瑞克问我。

"嗯，一个小时的车程。"

"你看，在这儿工作了一段时间，你就知道了烂人就是烂人。"

"即使知道，也不得不应付啊。"

"因为你穿上了警卫的制服，你就得去应对，瞪他们一眼就走掉呗。"

"不是的，说脏话是一回事，但是有人威胁我，我就得做点儿什么了。"

他笑了起来："啊？做点儿什么？"他显得镇定又放松。"别以为穿了制服就了不起。比如你开一辆新车，我开一辆小破车，那好你可以摔门，你酷呗！你可以说'我不相信你，所以要关门'，那我服。但别总是拿权势说事，因为我可不想照你说的做，那是你脑袋里的想法，是你想让我做，你我都是人，凭什么？你明白我的意思吧？"一个犯人走过来，打断了我们的谈话。

"大个儿，最近怎么样？"德瑞克问他。

大个儿叹了口气说道："唉，我女朋友一直挺支持我。可是最近一给她打电话，她就说：'等会儿，我手头有事情需要处理。'

她总是忙，和我说话也总是漫不经心的。"德瑞克说："她得多和你说说话啊。""是啊，要是能打个一二十分钟或者半个小时电话的话，我也不至于如此郁闷了。"

德瑞克说："这也是我不喜欢给家里打电话的原因，我给我太太打电话时，她总是还在跟孩子们说话。""就是啊。"另一个犯人喊道，"得听我说话啊，跟我说才更重要，要知道我们只能说一小会儿啊。"

德瑞克说："人总是希望能有片刻放松。"

"还有就是说'我爱你'，我跟我的姊妹和侄女说了18年了，他们寄不了钱，哪怕给我寄个'我爱你'的卡片也行啊。我会珍惜的，那对我而言比钱更重要。"大个儿进了监区。

德瑞克说："这是和我一个监区的人，他和我一样，安静不爱惹事。但是千万别被他的表面蒙蔽了，有人总爱挑衅安静不惹事的人，但压根儿没意识到那人可能会杀了你。"他跟我要口香糖，我们不允许给犯人外面带进来的东西，但是我还是给了他。"警卫们有后援，但你得意识到一件事：为什么你们六七个人才能制服一个犯人？你得好好想想，当你们中有些人花天酒地嗑药的时候，那个犯人可能正在操场上跑步锻炼，所以就别妄想能轻易追上并制服他了。"

"我喜欢琢磨人。"他说，"有时候我就在想，这些警卫们生活中碰到些事情或是别的监区犯人惹了他们，他们可能下意识就把火气撒到我身上，我又不是受气包，你懂我说的意思吧？我也不想惹事。"

"鲍尔！"我听到卡拉翰在里面叫我，但我没理她。

"我哥哥刚被杀那会儿，好几次我都想把里弗斯（监区主管）暴打一顿。"德瑞克说他当时想和里弗斯谈谈，但遭到了拒绝。她当时说："我正吃三明治呢，烦人！我可不想一天到晚都跟犯人打交道。"

他对里弗斯说，"我可以让你吃口东西，但你一会儿就得过来，因为我要找人干架了。"

她叫道："你这是在威胁我吗？"

他回击说："我他妈的打死你。"

里弗斯尖叫起来："把他铐起来！铐起来！"他说这事儿的时候，我感到一丝恐惧。我看了他一眼，他也注意到我的恐惧了，"哼！还不等你们五六个人铐住我，我就能打扁你们。"

回家的路上，我停车加气，排队的时候，我看到有个黑人进了商店。我开车到超市，推了辆购物车，漫无目的地瞎逛。我后来买了一个冷冻比萨，想着再买点儿沙拉，可是蔬菜都不新鲜了。我又拿了蛋白棒、面包、白酒和啤酒，想到还得再工作两天才能休息，于是又买了六盒红牛准备挨过这两天。

回到家后，我脱掉鞋子，打开一罐啤酒，往微波炉里放了块比萨，然后把摄像手表和录音笔的内容拷贝出来，再打开餐桌上的摄像机开始录像。我谈到那个威胁要打我的犯人还有我对上司的怀疑。"我希望有人能帮我，因为这帮犯人背后都有后援，如果有人要撂倒我，希望有人能帮我。"我按下停止键，公寓里很安静。我在电脑上简单记录下今天发生的主要事件，想等到休息

166

的时候再来详细整理。然后我脱下制服，放了洗澡水。我躺在浴缸里，任水没过耳朵，过了一会儿我看着镜子在想，我到底应该把胡子剃掉，还是就这么留着？我坐在沙发上看起了《绝命毒师》，要在以前我习惯读点儿东西，但是最近我已经没有了阅读的兴致。

后来我收到安东尼的短信。他和曼特在酒吧打台球。我虽然有些累，但还是决定过去找他们。酒吧里有个警察站在调酒师旁边，调酒师紧张地检查每个人的身份证。安东尼说他的女朋友生了孩子，他很快就要返回阿富汗。点唱机旁边有个北方佬一直朝安东尼这边看，他刚才打台球赢了安东尼，安东尼于是扬言要打烂他的下巴。警察走后，我四处转悠，倒是希望那个北方佬挑头打架，这样我也可以释放下压力，但是最后什么都没发生。桌上摆着一盆秋葵和一些纸碗，有个男人让我们自己拿着吃。东西吃起来有点儿凉，但还不错。我看了下时间，还有四个小时就得去上班，于是决定马上回家睡觉。等醒来的时候，我感到浑身乏力，以至于出门比平时晚了五分钟。出门时，我随手拿了两罐红牛。黑黢黢的道路上，一个警察把我拦下，告诉我开车超速了。我跟他套近乎说："咱们是同行，你们把在大街上逮到的人送到监狱，我就得对付这些人。"不过他还是窃笑着给我开了一张286美元的罚单。

后来在理发师的建议下，我穿着制服来到了警察局长办公室，告诉一位口涂红唇、满脸皱纹的女士我在韦恩监狱工作。她说："我给你减一百美元，从你的保险里面扣。"我拿出银行卡。她头都没有抬，问道："现金还是汇票？"

18

在 20 世纪初期，美国各州都逐步取消了囚犯租赁。废除囚犯租赁被誉为一项伟大的改革，但对于大多数罪犯来说，生活仍然意味着被迫进行无偿劳动。废除犯人租赁后几十年，桑普尔（本书第二章中有提及）仍然在州立种植园因为没有采摘足够的棉花而遭受酷刑。类似的事件在路易斯安那州的安哥拉、密西西比州的帕尔希曼，以及整个南方的其他种植园中一再上演。除了送到种植园的犯人，还有一些犯人被送到了囚犯劳改营。

"今天的南方正处于繁荣和扩张的时代，"1910 年美国农业部公共道路办公室主任写道，"其制造业正在扩大，铁路正在扩建，农业发展正在……开辟新的可能性……为了实现这种增长，必须改善南方的道路状况。"如同之前的工厂和铁路的发展，道路是南方通往现代化的关键。农产品需要更快地送到城市，汽车的使用量也在不断增加。

1908 年佐治亚州废除了囚犯租赁，将近五万的重罪犯和轻罪犯被送去修路。1912 年，佐治亚州犯人劳动力成本不到自由劳动力成本的一半。1923 年该州 88% 的囚犯都在修路劳动营，他们创造了 500 万美元的利润（相当于 2018 年的 7300 万美元）。立法委员会宣称："犯人们在佐治亚州的劳动规模和成果都超出了想象。"而实际上，仅仅一年，犯人们就已经修建了 6000 英里公路，并翻修了 1.5 万英里公路。这一成绩的取得是因为"犯人劳工的工作进度是自由劳力的两倍"。 1904 年至 1915 年，犯人劳工将佐治亚州的道路里程从 1600 英里提升至 1.3 万英里。

南方的"道路运动"就此蓬勃兴起，一些标新立异的激进人士打着人道主义改革的幌子强迫犯人劳工劳动。美国农业部的一项研究指出："许多证据表明户外工作不仅可以改善囚犯的身体健康状况，而且有助于塑造他们的个性，为今后融入社会作准备。"关注社会劳动者生存状况的期刊《慈善和大众》在一篇文章中指出，一旦囚犯理解修路可以提升他们的"体力和精神状况"，就几乎不会有逃跑的想法了。1909 年北卡罗来纳州奥兰治郡观察员辩称，修路的犯人不仅使纳税人受益，而且也将犯人转变为"健壮又高效的劳动者"。1905 年在布达佩斯举行的国际监狱大会以及纽约奥尔巴尼国家监狱协会的会议上，与会者都盛赞这一做法，认为让犯人修路比建造昂贵的监狱牢房更胜一筹。

强迫犯人劳动与最初新教监狱的做法一样，都是源自财政的考量。尽管"道路运动"倡导者和监狱倡导者说法不同，但是调查发现，州里修路的条件与私人公司的生产条件几乎无异。大多数身披枷锁的囚徒所犯的都是轻微罪行。1908 年，佐治亚州 77%的轻罪囚犯被送去修路。一个修路营地约有 150 人，大多的罪行是醉酒，行为不检，打架，违反城市法令，鲁莽驾驶或骑马，投掷石块，游荡和"涉嫌游荡"。一位北卡罗来纳州的法官在修路营地发现犯人"用铁颈圈锁住，吃不饱饭，遭到醉酒警卫的严厉鞭打"。而一位北卡罗来纳州的官员则告诉记者："营地里的犯人劳力比监狱里的犯人住得好，各方面待遇都更好。"

1911 年佛罗里达州州长吉尔克里斯特向州立法机关所作的报告中，描述了他在佐治亚州修路营地所见的情况："犯人们睡在一辆可移动的四轮车上，上面有围栏，就像是运送动物的牢笼车……不同的是，马戏团牢笼车里通常只有一两只动物，而犯人车上有 10 名或 12 名犯人。他们在晚上被链子锁起来。"每逢星期日和节假日，犯人们整天被锁在笼子里。"在炎热的夏日……外面骄阳似火，车里就像个大蒸笼，里面的人忍受着炙烤。"有些营地有营房或帐篷。1930 年在佛罗里达州，因为看守把烟头扔到了屋外的炸药上，致使锁在枷锁上的一队人中一人烧死，七人受伤致残。一年后在北卡罗来纳州，类似事件再次发生，致使 11 名犯人被烧死。

如同囚犯租赁时期的状况，犯人们常常因为干活慢而遭受鞭刑、吊刑和汗刑。1932 年在佛罗里达州的一个公路营地，新泽西州十几岁的男孩亚瑟·梅勒弗特因为身体不舒服而抱怨了几句就遭受到惩罚。他被剥光衣服，放入一个 45 磅重的橡木桶中，只有头和脚可以从木桶里伸出来。他被迫在营地周围走了 48 个小时，既不能坐也不能躺，他的腿被沼泽中的各种昆虫叮咬，其间只吃了一点面包和水。绝望之下，他从木桶中逃出来，赤身裸体地跑进了沼泽地,但仅一个小时后,他就被一群带着猎犬的守卫抓住了。当他被带回营地时,看守用橡皮软管殴打他,之后把他扔进"汗箱",用一条铁链挂在他的脖子上,并在脚踝周围放上沉重的大石头。第二天早上看守打开"汗箱"时,男孩已经死掉了。

一如囚犯租赁时期,白人至上主义者又鼓吹使用戴着枷锁囚犯的合理性。1912 年,一位在美国农业部工作的联邦工程师写道:"就个人而言,我赞成在南部各州使用囚犯(仅限于)修建公共道路,因为南方的囚犯主要是黑人,他们受益于户外体力劳动,并且在公共场合戴着枷锁劳动时不会像白人那样感到尴尬。" 1905 年另一位美国农业部工程师写信给他的上司,称自由劳动是有缺陷的,因为"黑人天性快乐,有乐尽享,所以他只要赚到钱就会挥霍一空,第二天就干不了活儿了。所以雇这样的黑人修路,你管不住他,他也多干不了活儿"。强制劳动是南方修路的唯一办法,"把犯人关在一个地方,晚上睡觉……唯一的束缚就是身上的枷锁,只要他戴着枷锁,他就得服从。"南方枷锁劳工一直持续到 20 世纪 30 年代。

19

　　我一直好奇，犯人眼中的我会是什么样子？我开始每天吃几次蛋白棒，有机会就去健身房，以让我的小身板长点儿肌肉。我做完卷腹或是仰卧推举，总要在镜子前走上几个来回。我不觉得自己走路像他们说的那样扭得厉害，不过我发现如果收紧腹部的话，臀部摆动幅度会小点儿。在日常生活中，我得表现出男子气概，以消灭身上任何女性化的苗头。

　　清点人数的时候，我学会了不看人脸只管数数。如果看犯人的脸，我就得一边数数，一边还得揣摩对每个人是该表现出严厉还是友善。在监区走路的时候，我特别注意要快速大步通过，并且左脚的步伐要稍稍用力，因为这样会显得比较有气势。

　　今天我做好去 A1 的准备。不知为什么，这里的犯人总是为难我。当我走过时，他们总是对我的裤子大加评论。有人唱着：*你喜欢那个傻瓜（you like that dick）*[①]。*你喜欢那个傻瓜。*我没理他。还有人说我像模特，我装作没听见。可是等我返回来的时候，又听到有人在唱：*你喜欢那个傻瓜。你喜欢那个傻瓜。*

　　这种情况已经持续了好几个星期，但这次我一下子就爆发了。

---

　　① dick 有傻瓜和男性生殖器的意思。——译者注

我停止数人，然后冲到那个唱歌的犯人面前。这是一个三十多岁、戴着粉红色太阳镜、脖子上都是文身的黑人男子。我喊道：*你说什么？*

我没有说什么。

你为什么总是说那样的屁话？你总是把注意力放在我身上，你才喜欢傻瓜，你个烂人！

你有种再说一次？

*也许你就喜欢傻瓜！*我气急了大喊道。

我生气地冲了出去，一个犯人说：*他不知道自己犯了什么错。*

清点完人数，我又返回来跟那个人说：*把你的证件给我。*他拒绝了。我声嘶力竭地大喊：*拿出你的证件！现在！*但他还是没给。我从另一名警卫那里知道了他的名字，于是打报告说他擅自使用性评论。他说要申诉。

我试着冷静下来。但十分钟后，我的心还在狂跳。一个囚犯问我：*警官你还好吗？*后来我的愤怒慢慢变成了羞愧，我走进浴室，坐在地上。这些话从何而来？我很少冲别人喊叫，也并不憎恶同性恋者。我还是我吗？我感觉特别挫败。我返回 A1 把"粉眼镜"叫了出来。

"我只是想让你明白咱们无冤无仇，你们很多人刑期很长，我和其他警卫不一样，对吧？"

"是的。"他说。

"但是，我不能接受人们无缘无故不尊重我，你明白我的意思吧？"

他试图否认那些举动是在嘲弄我："嗯，犯人们会乱说的。"

我并不让步，说道："但你也不想让我对你胡说八道吧？"有些犯人吃惊地看着我们俩。

"我懂，你像个男人一样和我说话。我向你道歉。我对你们警卫都没意见。你懂我的意思吧？我知道那些话伤害了你。但我只是唱了一首歌，而你可能会错了意，让你想起了些什么。"他说对了，刚才发生的事情让我想起初中的时候，因为爱读书，身材矮小，有人就叫我同性恋。

我把纪律报告撕下来扔进了垃圾桶。当我下一次走进监区清点人数时，再也没人说什么了。

有一天在桦树区，有犯人忽然喊道："有人摔倒了！有人摔倒了！"一个叫梅森的大个子犯人正躺在 C2 的床上，右手放在他裸露的胸膛上，紧闭双眼，左腿慢慢蠕动。

"真糟糕！我们刚把他放在床上，他就从床边滚下来了。"一个囚犯对我说。我于是用对讲机要了一副担架。

梅森左手攥拳，弓着后背，哭了起来。"我很害怕。"有人把手放在他胳膊上，"我知道，他们现在终于来看你了。"

护士和护工慢悠悠往这边走，担架终于到了。"他们不应该把他送回来。"一名犯人对我说。今天早些时候，梅森打篮球时摔倒了，后来去了医务室，医生说他有肺积水。

三个犯人用床单兜起梅森，把他放在担架上。他双手交叉在胸前，就像一具木乃伊。几个小时候，他又被送了回来。

几天后，我看到他拖着脚，双臂抱在胸前。我让他坐在椅子上。他坐下来，弓着腰，深深低着头说，"我的胸部还是阵阵作痛。"

我们要了一辆轮椅。"他们说我有肺积水，但就是不送我去医院，太扯了。"

一名护士正好在监区发药。我跟她提及梅森的情况。她坚持说："这没有什么要紧的"。

我说："上周我见到他的时候，他疼得差点儿昏过去。"

她斜眼看着我说："但医生还是不会送他去医院的。"

如果他被送往医院，CCA按照合同需支付住院费用。这对于营利性公司而言是个难题。公司看管一个犯人收取34美元费用，即使短期住院也是一项重大开支。除去需要支付两名警卫看护的费用，监狱内的医疗费用也很昂贵。CCA没有透露其医疗费用，对一般监狱而言，医疗保健费用是仅次于员工工资的第二大费用。一般来说路易斯安那州监狱预算的9%会用于医保。而在某些州，比例可能更高，医保费用约占加州监狱预算的31%。近40%的韦恩监狱犯人患有糖尿病、心脏病或哮喘等慢性疾病，大约6%的人患有艾滋病或丙型肝炎等传染病。

CCA一直费尽心机减少医保支出。在加利福尼亚州转移犯人到州外监狱时，CCA不会接受任何年龄超过65岁、有精神健康问题或艾滋病等严重疾病的犯人。该公司的爱达荷州监狱合同中规定了接受犯人的"基本标准"："没有慢性心理疾病或健康问题。"田纳西州和夏威夷一些CCA监狱的合同规定，各州将承担艾滋病治疗的费用。正是由于这些条件和限制，CCA大肆宣传其成本效益，此外纳税人也认为公司不会占用犯人的医疗费用。

至少有15名韦恩监狱的医生曾因医疗不当被起诉。即使有些人因此受到了纪律处分，监狱还是雇用了其中几个人。比如阿里斯·考克斯曾因个人镇静剂成瘾擅开处方而被吊销执照，但他在20世纪90年代仍被聘用。马克·辛格尔顿在韦恩监狱工作期间，路易斯安那州医师委员会发现他之前在新墨西哥州工作时因为"医护不达标"而留任查看，但CCA仍让他在岗工作。斯蒂芬·库普莱斯基因为擅自为没有症状的家人开止痛药处方被暂时吊销执照，但是韦恩监狱仍雇用了他。罗伯特·克利夫兰在韦恩监狱工作期间，因为收取轮椅公司回扣而被留任查看，他后来因擅开处方麻醉品而受到纪律处分。

2010年公司和移民与海关执法局解决了美国公民自由联盟（ACLU）提起的联邦诉讼，该诉讼称，在加利福尼亚州CCA运营的拘留所一直拒绝拘留人接受治疗。2001年审判的一个案子中，CCA因为违反宪法第八和第十四修正案，被判处赔偿犯人235000美元。该名囚犯因下颌脱落缝合后，竟然长达十周没有拆线（这名犯人只得用指甲钳自行拆线，当时警卫就在场）。陪审团写道，他们希望这项裁决"能够警醒CCA管理人员以及下属各家监狱"。

此外还有怀孕犯人的医疗事故。2014年田纳西州查塔努加市一所监狱中，CCA因为婴儿死亡事故赔偿了690000美元。犯人在一个没有床垫的牢房生产，待了三个小时大量失血。CCA员工在犯人求救五小时后才给救护车打电话，于是婴儿出生不久就死亡了。法庭诉讼中，监狱长说监控录像显示没有紧急情况。但在审查录像之前，CCA声称录像意外遭到删除。法院以CCA销毁证据为由对其进行了判罚。

此外在纳什维尔一所监狱里，一名怀孕犯人阴道出血，腹痛严重，当时医务人员让她独自待在牢房，不给她喝水，以监控她的失血状况。当她宫缩时，医务人员没有采取任何措施减轻她的痛苦，从而导致厕所里血流一地。第二天早上，戴着镣铐的女犯被送往医院，医生发现她全身浮肿。她在看守的监视下生下孩子，随后就被注射了镇静剂。当她醒来时，医务人员已经带走了死去的婴儿。监狱不允许她给家人打电话，也没有告之处理死婴的信息。CCA 虽然后来被起诉，但以赔偿其 25 万美元就草草了解了这个案子。

由于大多数囚犯无法负担聘请律师的费用，因此几乎不可能在法庭上获胜。即便如此，该公司在 2008 年之前的 10 年间败诉的案件仍多达 600 起。当我在几个州提出查阅最新案例时，CCA 大加阻挠，辩称这些案件都"涉及商业秘密"。

有一天加班的时候，我去了亚历山大的瑞派兹医院。一个在韦恩工作十几年的同事忽然问我："你有持枪资质吗？"

"没，我们还没上过课，以前也没有训练过。"

"但你还是拿着枪啊。"

"什么？"

"我是说，你还是拿着枪啊。这也不是什么大不了的事。"

接下来的 12 个小时，我和他一起坐在一位刚接受过心脏手术的犯人床边。我不想去哪儿都戴着枪，但还是得去吃饭上厕所。在自助餐厅排队时，我发现人们都盯着我。难道我做错什么了吗？我看起来太随意了吗？我不想让人心存戒备。腰上别着枪有什么不对吗？枪是应该别在腰上，还是放在口袋里？如果有人抢枪怎么办？我们看守的犯人站都站不起来，不可能逃跑，但是要真有什么事情发生的话，该怎么做呢？如果搞砸了怎么办？

我和"粉眼镜"和解的经历曾一度让我信心大振。每当遇到问题的时候，我都会尝试相同的方法，最后往往都能彼此尊重，达成一致。但事实证明这些和解时效不长，虽然有那么一刻似乎彼此之间确实能彼此尊重仁慈相待，但是我渐渐明白身份地位的不同决定了这种情况不可能持久。

我们可以在监狱说笑聊天，但我也必须展示权威。我的工作就是压制犯人最基本的人性冲动——对更多自由的向往。随着时间的推移，和我交好的犯人人数渐渐变少。但也有例外，比如考纳·斯通，如果没有我和巴克莱给予他的一些特殊照顾，他最终可能也会与我为敌。

和犯人的平等交流太过耗费精力，我不得不改变策略。我开始向他们证明：我不会做出让步。我始终保持警惕，上班的时候做好心理准备。有人可能不满，有人可能找茬，有人可能会威胁要打我，但我要不畏不亢。有时候犯人管我叫种族主义者，让人有点儿生气，但我努力不退缩，因为一退缩就会有压力，就会被犯人牵着鼻子走。

犯人本可以去法律图书馆阅读，参加普通同等学力课程、职业培训或药物滥用互助小组活动，但是这些活动要么被取消，要么推迟到很晚，犯人们因此满腹牢骚。有犯人说在其他监狱，活动时间都是固定的。一名曾在其他地方坐过牢的犯人说："在其他监狱，活动时大门敞开，犯人们甚至可以自由出入。"

但在韦恩监狱，活动没有时间表。我们做什么要等广播通知。吃饭时间可能是十一点半，也可能是下午三点。活动也许有，也许没有。这种情况已经好几年了。去小卖部和法律图书馆的安排也常常被取消。而这些活动被取消，往往是因为监狱里的管理人员人手不够。

在这种挫败的情绪中，警卫和犯人反而能相互理解。犯人们说他们也知道我们无力改变监狱上层的管理问题。

监区大门打开时，每个人都需要出示通行证，有些人推推搡搡，所以我得用身体挡着门，防止犯人们一涌而出。

有个人不停地往外挤，我喊道："回去！退回去，否则马上给你打报告，听到了吗？"

他走回来，狠狠瞪着我说："挡道的白人佬！"我没理他，关上了门。他又冲我喊道："你丫个新手，最好在我揍扁你之前消失！"

此时我心力交瘁。

一名犯人在中心区晃悠。巴克莱让我拦下他。他梳着一头小脏辫，每次看到他我都感到有些害怕。我拦住他，指着他来的方向说："回去。"他想要绕过我，我死盯着他。"回去！"我命令道。他转身慢慢走开，我走在他身后。他停下来，转圈甩手大喊道："你他妈的别跟着我，你是狗吗？"我知道他在挑衅我。我打开监区的大门。他走进来，就站在边上，狠狠盯着我。我抓住门，砰的一声关上！门就贴着他的脸。

我转身走到人群中。他在我身后喊道："他妈的去死吧！"

我停下来转过身。他就盯着我。我抓起对讲机，稍稍迟疑了一下。有人教过我发生这样的事情该怎么做吗？我可以按下对讲键，但是该跟谁说呢？我想起了那个打破少年犯下巴的金警官。"金警官，你能来下榉树区吗？"

"马上就到。"

我把金警官带到了 B1 区，找到了"小脏粹"，我盯着他的眼睛说："他需要关禁闭。"我告诉金这个犯人威胁我，所以需要关禁闭。

金警官给他戴上手铐。

"小脏粹"喊道："怎么了？我什么都没说！"我走开了。

我回去把其他犯人赶回各自的监区。一名犯人问我："你为什么关那个家伙禁闭？"另一个犯人说："他很快就能出狱，但现在回不了家了。"我丝毫没有屈服，就走开了。然而，脑海里响起一个声音：你听到他说什么了吗？你转身了吗？你确定你听到了吗？但这些真的都不重要。他想恐吓我，我就得收拾他，让他们知道我不是软蛋。

同样的事情接二连三发生。刚才又有一个犯人喊我"同性恋混蛋"，于是我让巴克莱在 A1 区前头站着，我走进去找那个犯人。巴克莱告诉了我床号，我想确认下别弄错了。我喊第六床，就像分发犯人参加活动的通行证时一样。有个犯人走了过来，但并不是我要找的人。我走进去找但还是没有找到。当我回到监区前头时，发现巴克莱走了，门也锁了。

这时候每个人都开始大喊。"噢噢！来吧！抓住他吧！"犯人们从监区的后部朝我跑过来。我有些恐慌地喊道："嘿，巴克莱！巴克莱！"

一个男人对我大吼："他不会管你啦。"另一个声音则喊道："被关在监狱里的感觉如何？"到处是嘈杂的声音。我倒希望跟他们说在监狱里是什么感觉，告诉他们我为什么到这儿来，期盼来这里能实现自我救赎。

"我懂得你们的感受。"我说，尽管这听起来有些荒谬。

"哈哈，你知道被忽视的感觉了吧？！"

巴克莱很快打开门，并向我道了歉，我终于离开了监区，也不再想要找到那个叫我同性恋的男人。

后来犯人们去食堂的时候，巴克莱跑过来大喊："紧急情况！"我冲向前门，向一群人大喊让他们回到监区，这群人约有15个。几个犯人将一个犯人抵在围栏上，还有一个脸色苍白的白人手握胳膊上的伤口，在地上一边翻滚，一边惊慌地啜泣。他身上有多处浅伤口，不像是刀刺伤；手臂上有许多小的十字伤疤——一般是性虐待时留下的伤口。

我靠近他说："伙计，放轻松，我们来了，你会没事的。放轻松。"但他还是继续在地上打滚哭泣。

"他活该！"有人在过道喊道。

看守长和金警官把抵在围栏上的那个人铐住。当他周围的人群散去时，我惊奇地发现原来是布瑞克，布瑞克一头白发，很招人喜欢。他和我聊过天，对我的工作深表同情，还曾经帮我热过饭。

当布瑞克被带到柏树区时，冲着地上那个男人叫"婊子"。

两个警卫过来，低头轻蔑地看了眼地上的年轻人，把他拉起来带走了。布瑞克用藏在袜子里的锁头打了他。

那个年轻人是布瑞克的马仔，他在柏树区待了七个月，也许正是为了躲避布瑞克。

我对这件事的许多细节并不清楚——监狱中的性关系错综复杂。那个年轻人是布瑞克的性奴？或者两人是自愿性关系，就像是一个受虐待的女人可能会因为爱而继续和丈夫待在一起？不知他是否明白，一旦他跨过那座桥就不会再有回头路。

一朝马仔，终身马仔。负责心理健康的卡特小姐告诉我们，她来这里的八年里，只看到两名犯人改变了马仔的身份，而且两起案件都涉及多人被砍伤。警卫不会对明目张胆的强奸视而不见，但是却容忍微妙的马仔关系。犯人和警卫都一眼可以看出谁是马仔：像个仆人一样忙前跑后；胡子刮得干干净净；坐着小便，或者是把阴茎夹在两腿之间蹲着小便；洗澡的时候面对墙壁。

自 2003 年以来，联邦政府颁布"清除监狱强奸法案"要求监狱采取措施防止性侵犯。在韦恩监狱，新学员也要学习相关法律。"为什么这部法律如此重要？"肯尼在训练期间问我们，"责任。"这部法案的目的并不清晰，是为了消除监狱里的强奸事件？还是为了压制监狱同性恋？而实际上，即使是出于自愿的性行为也都可能导致禁闭。"监狱同性恋之间都有绰号：公主，马里布，提基，可可，尼基。叫他们这些绰号，听着好玩，实际上他们认为你认同他们的关系。我们不可能百分之百阻止同性恋，但我们要尽可能地防止同性恋并减缓其发展速度。"

全国范围内，多达9%的男性犯人曾在监狱里受到性侵犯，但鉴于监狱"反对告密"的文化，实际数字可能会更高。在2014财年，韦恩监狱报告了大约550起性犯罪，比阿威勒惩教中心（一所规模和安全级别与韦恩监狱相当的公立监狱）高出近70%。2012年，有股东提议运营方应定期向投资人报告监狱预防强奸的情况，但是遭到了CCA的拒绝。监狱表面看来是同性恋的温床，但并非如此简单。像布瑞克这样的犯人很少将自己视为同性恋，出狱后他们通常又会去追求女性。一些自认为是同性恋的犯人或变性犯人常常会遭受强奸。据报道，超过三分之一的同性恋犯人和近三分之二的变性犯人在男性监狱中遭到过性侵犯。

但监狱中的性行为也有其温柔的一面：我在邮件室里读到的很多信都温情脉脉的。比如安哥拉监狱一名男子写给桦树区最招眼的一个男犯人：

我等不及出去和你再相见。我非常想念你，希望和你在一起，也有很多话想对你说也。但我们必须分开一段时间，最重要的是保持联系并彼此忠诚。你知道我忠于你，心中只有你。你是我生命中唯一爱恋的同性恋人，这对我而言意义重大，无人可以取代你的位置。我正躺在床上，回忆我们所拥有的美好时光，特别是和你做爱的美妙时光。我们不会忘记在操场上，在健身房我们在一起的美好时光。这些对你我意义重大。你有自己的表达方式……是个好妻子。我不在乎别人怎么说，因为我看到的是你的美好，是真实的你。这就是为什么做爱的时候，我总看着你的眼睛。能够真正懂你不容易，但是当我懂你时，我们的关系变得如此美妙。

那名年轻男子被带到医务室一小时后，又回到了梣树区，但他的手臂仍在流血。不知道布瑞克不在对他来说是好事还是坏事。现在他没了保护伞。几个肌肉发达的囚犯站在牢房里贪婪地看着他，想让他到他们的牢房里去。这时普瑞斯却突然告诉我要把他带到 D2 区布瑞克的牢房里。我问巴克莱"为什么让他去那儿？"犯人们曾向我抱怨过这种事情——即使是相互捅刀的人有时还是会被关进同一间牢房。我打开门，看着他进了监区。

然而几分钟后，他就要求我把他放出来。我让他出来后，他对普瑞斯说他有危险。别人都认为他是告密的人，他为了离开布瑞克而打了布瑞克的小报告。普瑞斯想都没想就让他回去。当我打开大门时，里面一个大胡子的男人将他推到地上说："你让她给你换一间了吗？你要不能住这儿，就别住这儿，我们可不想摊上这烂事。"他猛拍身后的栅栏。

普瑞斯告诉那个年轻人有两个选择——现在回去或者到清点人数的房间等着再分配房间。

她对我说："带他出去。"

"你得走了。"我漫不经心地说。

他说："我不去。"他以为要把他送到 PC（保护监禁室）。

我说："我也不知道。"

他脑子里正在进行激烈的斗争。如果回去，牢房里一个身材两倍于他的大汉已经放话不欢迎他，没有保护人的晚上肯定要受欺负，可能被抢，可能被强奸，也可能挨刀子。

还有一种选择就是到柏树区的 PC，里面可能是一个人也可能是两个人，一天至少待 23 个小时。但是如果去那里的话，别人就会认为他是告密者，也就意味着出来后挨刀子的风险更大。

他冲到中心区对着普瑞斯喊道："我不去 PC，我刚从柏树区出来！"

他很生气地来回踱步，继续说："别让我去那里，去他妈的！我刚在那里待了七个月。"他指着我和巴克莱说："我不去 PC。"普瑞斯吼他出去。

他吼道："除了那儿，哪个监区都行！"最后他被安排到了另一个地方。

培训的时候，肯尼就曾警告过犯人很容易使用性手段操控周边的人。即使是男警卫，也会因为与犯人发生关系而沦为受害者。"我很震惊和好奇这些犯人究竟是如何拉拢警卫的，以至于让警卫也成了受害者。"但我相信肯尼将之称其为"骗局"是有道理的。他警告我们要保持警惕，即便是双方自愿，警卫也有可能被判刑。他说韦恩曾有位叫查理·罗伯茨（真名）的看守长因为和犯人搞在一起，让犯人给他口交，现在已被判入狱。

这类警卫抵制不了诱惑的事件曾多次发生。当我查看罗伯茨案卷时，了解到这名犯人是个名叫齐纳的变性人。他从 11 岁起就认为自己是个女孩。她的父亲总是打她，13 岁时，她就离开家到新奥尔良的波旁街上跳脱衣舞。2000 年，她因"付费口交"被判处 4 年徒刑，并被送到了韦恩监狱。第一年有一段时间，她需要做尿检。罗伯茨给她带了镣铐，借机把她带到办公室，让她给他口交。如果她不做的话，他扬言把她放到另一个牢房，让犯人收拾她。她后来将此事报告给监狱的两名管理员，但其中一个人警告她如果再污蔑警卫，就把她关禁闭。

接下来的两年里，齐纳多次被犯人们强奸，但她守口如瓶。"我受到工作人员的嘲笑和指责，没法向他们寻求帮助，"她在一份证词中说："犯人强奸我……我能求助谁？"她成了另一个犯人的马仔。2003年的一天，因为发型过于女性化，普瑞斯把她送到了点名室。在那里一名警官让她站着尿入杯子，进行尿检。齐纳说她不能站着小便。两人僵持了一会儿，这时罗伯茨出现了，告诉她可以坐在马桶上。其他警卫离开了。当她小便的时候，罗伯茨走进厕所，关上了门。他说，如果她不给他口交，他就会对尿检做手脚让她再回柏树区。

齐纳拒绝后，罗伯茨打了她一巴掌。她跪倒在地，按照他的要求行事。完事后他说："婊子，你最好吞下去。"

她后来回忆说，"要我吞下，我情愿去死"，于是她把精液含在嘴里，吐到衬衫上。她提出申诉并联系美国公民自由联盟后，又给联邦调查局打了电话。一名办事人员来到监狱，取走了那件衬衫，并约谈了罗伯茨。第二天，CCA将齐纳转到一个公立监狱，待在一个"比壁橱大不了多少"的单人牢房里，不能出去活动，11个月后才被释放。

她后来在证词中说："如果我知道监狱要给我剃头，并把我送到另一个监狱关禁闭的话，我当时也许会吞下去。"比关单人禁闭更让她难以释怀的是，如果当时忍辱吞下，她也许就能修完汽车课程，也就不至于出狱后需要流落街头重操旧业。"我当时也许就该忍辱负重，挨到拿上结业证为止。"

CCA 否认了齐纳的所有指控，最后和她庭外和解（未透露赔偿金金额），当联邦调查局和罗伯茨谈话时，罗伯茨也否认了指控，后来联邦调查局发现衬衫上的精液是罗伯茨的。罗伯茨最终承认性侵齐纳以及向联邦调查局做假证，被判处 6 年徒刑以及 5000 美元的罚金。罗伯茨于 2012 年出狱。

关于监狱性侵害的指控中有近一半涉及员工。CCA 的监狱报告中，员工对犯人的性骚扰发生率是公立监狱的五倍。但是也有犯人对员工的性骚扰和性侵害。一个反复出现的问题就是牢房里的犯人对着坐在中心区的女警卫自慰。我看到有些女员工对犯人性虐待的投诉很快得到解决，但是也有一些女警卫对犯人性骚扰的投诉不了了之。如果这些事情被追究，违纪的犯人应该被送到柏树区，但事实上他们并没有被转走。我经常感受到监狱的大男子主义——男性管理者经常忽视犯人对女同事的骚扰。肯尼就说过："有些人穿紧身衣服，别人什么都能看到，还天天在监区显摆。有个女员工说有犯人碰了她的屁股。天哪！你天天显摆！如果是为了吸引别人的注意力，那肯定会有人注意你。你自己都不检点，也难怪会有人骚扰。"

20

　　监狱曾有一段时间是由犯人管理的。租赁犯人制度被取缔后，南方各州没有了租赁费，为了节省开支开始实行"受托警卫"制度。受托警卫一般由喜欢攻击他人的重罪犯人担当。如果一名受托警卫开枪打死了逃跑的犯人，可以立即获得赦免。1967年阿肯色州州长温斯洛普·洛克菲勒访问塔克监狱农场时，州长护卫不得不将枪支交给犯人。阿肯色州的两个监狱都有大规模的种植园，负责把守的犯人配备有鞭子、0.38口径的左轮手枪和霰弹枪。

　　在16000英亩的康明斯种植园和5500英亩的塔克农场，约2000名犯人每天工作10到14个小时，他们每周工作六七天，主要负责种植棉花、大米和草莓等作物。他们生产的农产品会被运到芝加哥和其他市场。这些农场平均每年为监狱带来140万美元的收入，向州财政贡献数十万美元的利润。1966年州警察的调查报告中指出："为了赚取这些利润，犯人们从早到晚被无情驱赶，特别是在收获季节。自该州废除犯人租赁以来近60年，犯人的境况似乎没有什么变化。犯人们吃不饱，穿不暖，干活稍慢，看守们随手拿起皮带或锄头柄就开始殴打他们。"

　　1966年的警察调查包括许多确凿的记录，以及一些犯人被鞭打的照片证据。一些犯人甚至将他们偷偷录下的东西交给调查人员。有个叫吉姆·布鲁顿的看守听到一个犯人告诉另一名犯人，贿赂监狱长就可以找到一份好工作。布鲁顿曾命令犯人脱掉裤子。在录音中，人们甚至可以听到皮鞭抽打到犯人身上的声音。"哦，警长！"犯人喊道。啪啪！"哦，警长！"啪啪！"哦，警长！"

"我忘记是第几鞭子了，"看守说，"一还是二？"

"三，"犯人回答说。啪啪！

"几鞭子了？四？""四，"犯人回答。啪啪！

"哦，警长！五。"啪啪！

"哦，警长！六。"啪啪！布鲁顿抽了十鞭子后对他说："你个杂种，找死。" 第二天早上警卫仍照常把受了鞭刑的犯人送到田间劳动。

调查人员还发现了其他酷刑手段，如布鲁顿发明的一种叫"塔克电话"的设备，这种设备是一种配有两个电池，用曲柄电话改装的发电机。在塔克医院施刑时，犯人赤裸着被绑在桌子上，看守将电极分别连接到他的大脚趾和阴茎上，当曲柄被转动时，电流就会穿过他的身体。也许最令人震惊的虐待行为就是将死刑犯囚禁在不足五平方米的牢房里，八九年不准出来。

在调查期间，监狱的助理主管问一名调查员愿不愿意做他的工作。"每年 8000 美元，一年一辆新车，有 14 间房间的大房子，也有专门的支出账户，以及精心准备的食物……还可以收受农场供应贸易商、服装贸易商等送来的各种礼物。"警方的调查发布几周后，温斯洛普·洛克菲勒当选州长。就职典礼上，他称阿肯色州的监狱系统是"全国最糟糕的",并承诺会对其进行改革。很快,他聘请了来自阿肯色州的刑罚学家汤姆·穆顿来改革两个农场中较小的塔克农场。

汤姆·穆顿后来将其改造塔克监狱的经历写成了回忆录,值得后人研究。穆顿是一位具有改革思想的管理者,他一直致力于建设更具人性化的监狱。他大胆挑战可以追溯到奴隶制的营利监禁模式,最后以失败告终。但他的失败为唐·霍顿敞开了大门,霍顿拯救了阿肯色州的犯人劳力,同时为阿肯色州实现了再次盈利。在阿肯色州,霍顿掌握了让他后来致富的技能:如何使监狱适应新时代,同时创造更多的利润。七年后他创立了CCA,使企业化经营的监狱在消失50年后又重新焕发活力。

穆顿在他的回忆录中写道:"50年来州政府一直在管理塔克农场,管理者不仅仅要管理监狱,也要管理好农业生产,确保犯人们可以创造利润。"当他开始管理塔克监狱时,只有两名员工:一名医生和一个经理。其他67名工作人员都是不付薪水的犯人。

一名犯人向穆顿描述了犯人成为受托警卫的原因。他说,"媒体把塔克监狱同德国集中营做比较并没有夸大其词""他们有指挥官,我们有受托人"。普通犯人已经习惯了被受托警卫殴打和敲诈勒索。如果有人让你以殴打别人为职业时,"你会接受这份工作的,因为犯人有两种生存状态:活着或是活下去。如果你是'活着'的状态,那在劳动营里就只有一条军用毯子——没有内衣,没有短袖,也没有袜子。而受托人有内衣,因为他可以从普通犯人身上抢。"受托人可以自在地吃猪排、牛排和汉堡包,而普通犯人吃的是豆子和甘蓝菜汤。根据警方的调查,普通犯人比正常人体重轻 40 到 60 磅。"受托人可以活下去,而普通犯人就只能苟且活着。所以,犯人们愿意成为受托人……而这往往意味着被压迫者成为压迫别人的人。"

阿肯色州不是唯一使用犯人看守的州。亚拉巴马州、密西西比州和路易斯安那州在监狱种植园中都使用了犯人看守,1971 年联邦法院废除了这种做法。从 1928 年至 1940 年,路易斯安那州安哥拉监狱的犯人看守有鞭打犯人一万鞭的记录,其中一些犯人一次就遭受了 50 鞭子。

得克萨斯州监狱直到 20 世纪 80 年代还一直使用犯人看守。穆顿到塔克农场后,发现十几名犯人看守并没有和其他犯人住在一起。这些看守在种植园找来木头,私自建了住宅,给电工几块牛排让他们帮忙安装了电源,接入了煤气,甚至还买了电视和牧场。穆顿写道:"这些擅自占地的犯人看守拥有最好的监狱生活,所以没有逃脱。他们管理其他犯人,被允许拥有女人,甚至还可以进城买威士忌。" 受托人虽然没有报酬,但他们尽其所能通过剥削其他犯人敛财。如果普通犯人想要理发、吃药或是吃些比稀饭好些的食物,就必须给看守钱。

没钱的犯人在监狱里几乎难以生存,而他们赚钱的唯一合法途径就是卖血。监狱医生奥斯丁·斯陶抽一品脱血(约为 568 毫升)向犯人支付 5 美元,之后这些血液在康明斯的出租楼中转换成血浆,然后以每公升 22 美元的价格卖给伯克利制药公司的卡特实验室。斯陶医生每年仅凭阿肯色州的血浆合同就可以赚到 13 万美元。

斯陶在阿肯色州、俄克拉何马州和亚拉巴马州的五所监狱都有自己的血液中心。1964年在血液中心运行一年后，犯人肝炎大爆发。虽然已经确定有超过500例肝炎病例与斯陶的血液中心供血有关，但阿肯色州仍然允许他继续卖血，而卡特实验室也仍然继续与他合作。

斯陶还与至少37家制药公司签订了合同，对囚犯进行实验性药物测试，接受试验的犯人每天服药可获得1美元。其中许多制药公司是位列前三百的大公司。一些犯人为了能够继续赚钱，隐瞒了药品的副作用，还有一些犯人销毁或出售试验药品。一些制药厂商承认这种药品试验非常危险，但仍继续与斯陶签订合同。斯陶在盈利丰厚的年份总收入接近100万美元。第二次世界大战后，针对纳粹人体试验而设立的联邦审查委员会，明确禁止对犯人进行医学试验，理由是犯人在囚禁时不能自由表达意见。然而食品和药物管理局并没有对斯陶采取任何行动，仍然认为他的临床试验结果有效。穆顿终止了斯陶的"抽血计划"后设立了一个项目，犯人献血可以获得7美元，卖血的利润被用来为犯人提供更好的医疗服务。

穆顿的首要任务是废除受托人制度并雇用"自由人看守"。当受托人听说要拿走他们的枪支时，就威胁要罢工，这意味着没人看守监狱或驱赶犯人摘棉花。穆顿与受托人会面。"通常接管一个机构时，我就径直说，'要怎么怎么做，这就是我们今后运行的方式'，但现在这种局面很可笑，这些人有枪支有钥匙，所以我没法接管。"在接下来的几个月里，穆顿开始一步步地打破监狱的权力结构。他摧毁了擅自占地者的棚屋，禁止鞭刑和"电话酷刑"，剥夺了受托人杀死逃犯的豁免权，取消了监狱的内部货币，开始雇用带薪的警卫与受托人一起工作。因为在阿肯色州没有自由人担任看守，他就雇用了一些犯人。

在穆顿整顿监狱之前，逃犯都是普通犯人，受托人愿意留在监狱享受有权有势的生活。穆顿写道："当我开始整顿监狱时，普通犯人不再逃跑，因为他们的生活条件得到了改善，但很多受托人因为在监狱中不剥削别人就没法过活，就选择了逃跑。"

穆顿管理塔克监狱五个月后开始接管康明斯监狱（康明斯监狱面积是塔克监狱面积的三倍）。1968 年元旦，他带着一名助手开车来到康明斯。他写道："腰上别着枪很不舒服。"为了迎接他的到来，州长调派了 60 名州警官，200 名国家安保公司的士兵，以及一支来自附近基地的伞兵营官兵。犯人们也为他的到来做好了准备。他们将床铺拉到营房前，准备放火一烧。穆顿与受托人谈判，承诺不会立刻没收他们的枪支，他们才让步。

穆顿按照他在塔克监狱的做法，开始逐渐收回受托人在康明斯监狱的特权，但是这样做也产生了一些其他后果。穆顿写道："改革的成功是剥削的丧钟。"在穆顿之前，整个监狱系统只有35 名带薪雇员。但随着他逐步取消受托人制度，工作人员的规模增加了两倍。由于他开始限制受托人对犯人进行野蛮暴力的管理，粮食产量下降了。阿肯色州的监狱报告显示，穆顿接管的前一年，阿肯色州监狱有近 30 万美元的利润。但穆顿接管后，监狱损失近55 万美元。立法机构因此开始在州众议院发表批评穆顿的言论。

"他们拒绝种植庄稼。"州代表拜恩说，"他们不让犯人弯腰从事劳动，因为这有损尊严。"在穆顿的管理下，塔克种植园每英亩出产 37 蒲式耳的大米，而邻近的农场产量为 105 蒲式耳。

1968 年 3 月，穆顿被解雇。他回忆说，在一次非公开会议上，惩教委员会主席告诉他，尽管他对穆顿的改革印象深刻，但无法容忍监狱没有盈利的状况。鲍勃·萨弗接替了穆顿，决心让农作物生产回到正轨，但也遇到了一些问题。监狱人口及劳动力人数正在下降。为了提高产量，妇女被迫开始劳动。

此时犯人们也无法再参加穆顿管理时期开设的教育课程，而不得不重新到田间工作。反抗的犯人一连几天被链子拴在围栏上。1968 年 10 月，120 名犯人罢工以抗议糟糕的劳动条件、食物和医疗服务状况。穆顿管理时期改变了鞭刑的政策，因此为了强迫犯人们劳动，萨弗命令警卫近距离向罢工的犯人发射铅弹。一群犯人起诉监狱条件差，1970 年联邦法院作出了支持犯人的判决，宣布阿肯色州监狱管理严酷、条件恶劣。

萨弗失败了，但是很少有人能胜任管理像康明斯这种大型监狱种植园的工作。唯一能与其规模相比的是密西西比州的帕尔希曼监狱、路易斯安那州的安哥拉监狱，以及得克萨斯州的拉姆齐监狱（CCA 的联合创始人霍顿就在拉姆齐监狱担任监狱长）。阿肯色州州长戴尔·邦珀斯对霍顿管理拉姆齐监狱的方式印象深刻，于是在 1971 年 5 月，他打电话给霍顿询问他是否有兴趣接管阿肯色州监狱。霍顿欣然答应。

21

榉树区臭气熏天。屎尿从 D2 区的排水口渗出，流了一地。"这种状况已经超过了 12 个小时。"一名犯人抱怨说。

"伙计，地板上有蛆。"

"这违反健康和安全管理！"

"条件太差了！"

我们让犯人到小院子里去。他们出去后，我看到一大群人跑到 A1 区。巴克莱推开门，冲着对讲机呼叫"紧急情况"。监区里两名犯人扭打在一起，身体紧紧抵在围栏上。两人一手拿刀，另一只手握住对方的手臂。血溅了一地板。周围的场景异乎寻常的平静。犯人们都在安静地观望。

"别打了。"巴克莱漫不经心地说，"别打了。"

打架的犯人悄悄低语，一个说："来吧。"另一个说："来啊，杂种。"

"来，以牙还牙！"他们使劲儿揪着对方。

"别打了！"巴克莱喊道。

我也喊道："别打了！"但感觉自己对此完全无能为力。

我、巴克莱、普瑞斯还有一个 CCA 的员工，站在牢门外离他们只有两英尺的地方，看着两人互捅。

一名犯人挥舞匕首，把匕首插入另一名犯人的脖子边上。我屏住了呼吸，干呕了一声。那个被刺伤的家伙说道："这刀不够尖，杂种，我让你看看什么是尖刀。"

巴克莱冲过围栏，抓住捅人的那个犯人衣领，另一个犯人则奋力挣脱。这时围观的犯人才发出声音。一个犯人冲着巴克莱喊道："弄死他！"巴克莱刚一松手，两个人就倒在厕所旁边的地上，一个人压住了另一个人。两人继续扭打，我们的视线被一堵短墙遮挡了，只看到一只手臂向上摆动并猛击。一名犯人走到离他们两英尺远的小便池，淡定地在一旁撒尿。

扭打持续了将近四分钟，直到一名 SORT 队员拿着一罐胡椒喷雾赶过来。"他妈的！都别动！放下刀！"他咆哮道。两人还在厮打时，SORT 队员顺势向他们喷了胡椒喷雾。一个人因耳朵被撕烂而被送到了医院，而另一个被送去了禁闭室。

其他犯人有些不耐烦，所以只得让他们到了外边。外面很暖和。约 150 名犯人被集中到院子里。我站在过道晒太阳时，看到一个腰上扎着布单的白人男子拼命向前跑，其他白人想要拦住他。附近有一个胖胖的、赤裸着上身的白人犯人，向空中挥舞拳头，用脚踢了另一个白人的手。另一个穿着紧身衣的犯人走过来。"我们白人也准备好了。"他说话的时候好像并没有对某个人说。他靠在栅栏上，问我现在怎么样。

"我没事。"我说，"你怎么样？"

"这儿是我待过最疯狂的监狱。"他说,"这里啥规矩也没用。"他因谋杀入狱,狂欢节期间有人摸了他女朋友,他就用牛仔靴踢了那个人的头。他还在得克萨斯州立监狱和安哥拉监狱待过。

穿紧身衣的男子问一个路过的白人:"你怎么不在这儿打人?"那人耸了耸肩。"紧身衣"环顾院子。除了几个在练习踢球的白人外,其他大多都是黑人。"他们把我和野蛮人关在一起。"他说,"有人想捅我,等着瞧吧,我喜欢打架,可不是一般的白人,我胸前的纳粹也不是白文的。"他拉起衬衣,露出一些伤痕,以及一个褪色的纳粹标志。他说有个黑人犯人想要捅他。"我咬他的脸。尽可能地靠近,然后"——他在空中比画出一个熊抱的动作,嘴里发出咔咔咬牙的声音——"弄伤或弄死他,需要有人治治他们。"

我回到监区。胡椒喷雾的味道已经变淡,但是屎尿的味道依然很重。下午有人过来修理厕所时,发现一把匕首卡在了管道中。

后来我跟一名警官讲起两名犯人互捅刀子的事情。他问我:"你学到了什么吗?"

"我不太明白。"

他说,如果这个犯人愿意的话,本可以割开另一个人的喉咙,但他没有。这说明"这两人心里都很害怕。这也是他们为什么带匕首的原因,因为他们害怕"。

快要交班了,我在黑暗中轻快地大步向前走。回家使我感到轻松,但同时也感到一些恐惧。在这里工作的时间越长,犯人们对我的怨恨就越多。通过过道时,犯人来来回回,我没有看到其

197

他警卫，手头也没有对讲机（对讲机给了接班的警卫）。我曾经看过监控录像，但是仍然怀疑如果有人在黑暗中袭击我，监控能不能看清楚。

出口的门关了，我路过探视区，看到20多名警卫愁眉苦脸地坐在桌子旁。两个犯人送来了比萨。又要开会了。监狱长助理帕克和安全主管都在。我拿了块比萨饼和一张抽奖券，心情沮丧地坐下。

"有多少人工作还不到一年？"帕克问道。我举起了手。"你可能已经遇到一些糟糕的日子，是吧？我们要改变，这需要大家一起努力。只要我们团结一心，这些坏人就得待在这里。"

墙上画着一个黑人小孩和一个白人小孩，他们正趴在草坡上看彩虹。一只狮子和一只老虎正撕咬一面美国国旗，而在它们的头顶，一只美国雄鹰正展翅飞过，"CCA理念"就写在上面。

"公司看到了一些问题，也意识到我们需要为员工做得更好。不是说我拿了根魔法棒，手一挥大家出去就能买辆新车。我要说的是公司决定将大家的工资提高到每小时10美元。祝贺你们！"他开始拍手，下面有几个人热情不高地应和。"这将是值得我们骄傲的时刻。"他说。

"有人知道ACA是什么吗？"帕克问道，"你们或许听过'ACA来了！嘘嘘！ACA就要来检查了！'我们得紧张起来，大家打起精神来！"

"ACA是美国惩教协会！"有个人回答。

"好吧，我们为什么要关注ACA？"帕克问道。

"我们需要工作，就得顺利通过验收。"

"多年前，应该是在 1870 年，有一位州长对严酷不合理的惩罚制度深感不安，因此他开始召集一小群人到处巡视检查监狱，确保犯人不被残酷对待。之后他们创立了一套复杂的检查程序，也就是让第三方来检查监狱管理犯人的情况，然后予以认证'犯人得到了妥善看护'。打个比方说，犯人说'哦，他们让我吃必胜客比萨！这不合理，应该让我们吃多米诺比萨——那打官司时，我们就拿出 ACA 的文件说，'嗨，你看，我们可是按照上面的标准准备食物的。'"

ACA 是一个行业协会，也是全国性的监狱监管机构。根据其标准，有 900 多个公立和私人惩教机构和拘留中心获得了认证。韦恩监狱是路易斯安那州第一所获认证的监狱。

我曾两次参加 ACA 半年一次的会议，因为在会上发推特被带枪的警卫赶了出来。会议议题包括警卫和犯人之间的性行为以及如何应对毒品交易的挑战。还有一个议题是如何跟媒体打交道，课程中建议发言人避免回答那些难缠记者的问题，并且尽可能地引用当前进行的案子以回避对棘手话题的讨论。主讲人还建议在周五晚上发布信息，这样可以减少人们对这些信息的关注。其他话题还包括从金融责任角度讨论自杀和变性犯人，甚至还有一家公司提出，要是有人能在防自杀的通风架上吊死，就奖励一辆哈雷摩托车。

这些会议上充斥着商业气息。主要的监狱公司为派对提供免费食品和饮料。大型博览会大厅里琳琅满目，展示着从无人机检测设备到自卫电子烟的各类商品，CCA 的展位始终安排在展厅中心位置。CCA 和 ACA 历史渊源深远。霍顿创立 CCA 之后不久，就成了 ACA 的主席，他一直积极地推动监狱私有化。CCA 后来还曾聘请 ACA 前任认证主管哈迪·劳赫。1986 年 CCA 上市时首次公开发表的声明称："公司的设施践行 ACA 标准，降低了民事诉讼案件数量。"2017 年 ACA 总裁克里斯·埃普斯（也是密西西比州监狱专员）在为私营监狱公司谋取价值 8 亿美元的合同时，因收取超过 100 万美元的贿赂和回扣，被判处近 20 年有期徒刑。

"你们认为监狱被起诉最多的案件是什么？医疗诉讼！而 ACA 认证有助于医疗诉讼辩护。"帕克有些迟疑地说，"信不信由你，法律要求我们照顾这些犯人。"

"你觉得犯人有机会投诉监狱使用严酷和不寻常的惩罚手段吗？相信我！还没有发生的话，就做好准备吧！不论我是惩教官、副官、主管，还是监狱长助理，我都被犯人起诉过，他们起诉我使用严酷和不寻常的惩罚手段，不过好在"——他用嘴发出砰的声音——"我们有 ACA 认证。"他弹了下舌头——"监狱已经通过了 ACA 认证，怎么会使用严酷和不寻常的惩罚手段呢？"

接下来的几周，犯人把监区粉刷一新以迎接 ACA 检查。维修工满身污渍，修理破损的通风口、管道和监区门。在准备检查时，我查阅了 ACA 标准。要是他们发现以下情况会怎么办呢？禁闭单间面积比规定小了 20 多英尺；按规定犯人吃饭时间是 20 分钟，实际上只有 10 分钟；职工人数少于规定数量；警卫的工资水平低于州惩教机构工作人员的工资水平；警卫很少在入口处使用金属探测器；犯人通常每天运动时间不足一小时；自杀留观室伙食热量低于标准热量；监区没有足够的厕所。

韦恩监狱 2012 年通过了 ACA 检查，合格率为 99%，这与前三年的检查结果相同。检查人员指出，"犯人们认为韦恩惩教中心安全""员工精神风貌良好"，他们"将此工作看作是一个好职业"。事实上，CCA 其他认证监狱的平均合格率也是 99%。

几年前，由于医疗缺乏和伙食差，密西西比州一所安全级别低的 CCA 监狱发生骚乱。一名警卫被犯人打死。该起事件发生四年后，联邦监狱局发现这家监狱并没有什么改变：监狱人手不足，工作人员缺乏经验，虽然大部分犯人都来自墨西哥，但很少有警卫能说墨西哥的官方用语——西班牙语。即便如此，ACA 还是给了该监狱一个满意的分数。

检查的那天早上，我们早早叫醒所有犯人，让他们收拾好床铺，并把藏在柜子里的女人照片拿出来。两个西装革履的白人男子来到监狱开始检查。他们只问了我和巴克莱的姓名和工作职责，既没有检查日志，也没有对照监控录像检查记录内容。如果检查的话，他们就会发现有些摄像头是坏的。他们也没有检查门，如果检查的话，他们会发现大部分门的开关都是坏的，需要用手使劲儿拉开。他们也没有检查火警预防设备，火警门在火灾发生时本会自动关闭，可是有几个门必须由两名警卫才能撬开。他们没有去分监区，没有跟犯人交流，晃了一圈就离开了。

早上开会时，监狱长很生气，因为昨天椿树区发生了犯人捅人事件。而就在几天前，也有一名犯人在榆树区中被刺了 30 多刀。但这还不是他最担心的。他说："昨晚我们发现了一把刀：一把从外面带进来的刀。"几名警卫倒吸了口气。是不是有人把真刀给了犯人？"让人难过的是，你连同事都不能相信。我告诉你，有些人贪图一己之利，就会害了别人。这些犯人在这里是有原因的。"他认为是一名女警卫把刀带了进来。"这些犯人出狱后就会去找别的女人，他们想得到自己想要的东西，所以才会勾搭你，等他们一出去，就会完全把你忘掉。你就是个大傻瓜，他们要是被抓了，也会出卖你，最后你也会被抓。有时候我们面对的不仅仅是犯人，自己也要扪心自问。"

大家离开会议室时心情沉重。金警官说："一把真正的刀啊，拜托了伙计们，如果有人给犯人带刀，为什么不带把枪进来？是让犯人越狱？还是让犯人杀我们？"

卡拉翰今天没来，所以当我们到达监区时，蔡尔兹已到了中心区。他在这里工作 20 多年，早已处事不惊。他在中心区抽了一根烟，把烟灰弹进烟灰缸里。他已经掌握了抽烟不被摄像机拍到的技巧。

"你已经开始打报告了吗？"早上七点左右，蔡尔兹看到巴克莱正弯腰在粉纸上写着什么，于是问道，"哦，你可真是个混蛋。"

"谢谢。过奖了。"巴克莱说。

蔡尔兹说："他可能没做什么错事吧！"

巴克莱说："嘿！我让他洗完澡快点儿出来，他就骂人。"

"你看，洗澡是人家自己的事情，想怎么洗就怎么洗。他可能还羡慕你性感的身材呢。"

"他敢！"

巴克莱告诉蔡尔兹，等他开始领社保的时候，就会在13个月内转为兼职。但是蔡尔兹说，等看到兼职的工资条，巴克莱就会再转回全职，因为他自己就是这么做的。自从这所监狱设立，蔡尔兹就一直在这里工作，每小时虽然只赚9美元，可是如果退休的话根本养不活自己。蔡尔兹说："你又不是什么上流社会的白人，你还是下层阶级。头刚刚超过贫困线，身体还都在贫困线以下呢。"

"等领了社保，兼职应该够了。"巴克莱说。

蔡尔兹说道："可不是那么回事！"

有一次，蔡尔兹提出如果还让他在柏树区工作就要辞职。他血压高，巨大的工作压力会对身体有很大影响。"这儿的犯人向我泼屎泼尿。"监狱暂时给他换了个岗位，可是新任领导一上任又让他回到了柏树区工作。去年护士跟监狱长说蔡尔兹血压有问题，年纪也大了，不应该继续留在柏树区工作。监狱长却说："没事，他能行。"一周后，他心脏病发作，即便如此他仍然被安排到自杀留观室工作。他停顿了一下说："这真是个好工作，富不了也饿不死。"说完，他呷了一口咖啡。

这一天过得很慢。考纳·斯通坐在我旁边，拿巴克莱的椅子当桌子。一名需要服刑40年的20岁犯人想要出版一本书，但因为犯人无法使用复印机，所以让考纳·斯通帮他复印，以便邮寄出去。

我在监区四处转悠，看到德瑞克坐在 C2 监区，终于松了口气。之前我听到对讲机里说主管助理和德瑞克有些矛盾，以为他可能会被送到柏树区。我没说什么打开门让他出去了。过了一会儿，我去桦树区时，看到他独自待在摄像头下面。

　　"你需要透口气。"他说。

　　我叹了口气说："这些破烂事实在让人疲惫不堪。"

　　"让你疲惫不堪？我一直得在这儿待着。这些混蛋们一天到晚找事，真是让人生气。这儿有 1500 名犯人呐。"他一边说话一边踱步，眼睛不断观察着周围情况。"突然从外面来了个教官，根本不知道自己来干吗的，又不愿意让步，这就是我为什么和那个教官发火。他们尽扯淡，不能那样和我说话啊，所以我把他顶了个够呛。这烂监狱、烂人、烂警卫。你也烂透了！"

　　我感到迎头一击："你说我也烂透了？"

　　他说我点名或是在大厅碰见他的时候看他的眼神让他心生恐慌。"我觉得我和别人不一样，所以你会想要更多了解我。你也许在琢磨我，或是对我不加防备，我这样想也不一定对，你可能也不知道自己想要了解些什么。"我笑了笑，我之前和他说过吗？

　　我问他："你为什么那么恨警察？"

　　他告诉我："警察不老实。"有次他被警察拦下搜身，警察顺手拿走了他身上的 1500 美元，然后让他去警察局认领。等他去了警察局才发现那个警察记录的是 900 美元。他跟那个警察说："你不能因为我是黑人，就从我身上敲竹杠。"

　　"我也遇见过好警察，但是也有一些警察狡猾自负，狂妄自大，觉得自己了不起，干坏事也能逍遥法外，好像总统也不能把他们怎么样。"

我说："那你想过被你杀掉的那个警察吗？你想过他的家人吗？"

"我才不在乎。"他笑了笑，"对我来说杀人就像是踢足球，来了又去，痛苦一时，过后就好。要是在这儿能杀了你而不被判刑的话，我肯定送你上西天。但要是当时考虑到我得养活孩子，我可能会做不同的选择。"

我看了下手表："我得回去了。" 我想如果有人活该坐监狱，那德瑞克应该算一个。

这一天分外难熬，我感到身心疲惫。有个犯人假装突发疾病，跑出监区给另一个监区的犯人送裤子。"刺青脸"也冒了出来，吵着要出去。我后来发现榆树区被捅的那个犯人就是他的兄弟，于是打算放他一马。这时格瑞·彼尼又冒了出来，他常和我开玩笑。结果洗澡的时候他把我叫过去说："要是我问你一个问题的话，你会不会打我的报告？"我说不会，然后他就问我是不是同性恋。我还没回答，他就做出些下流动作。我重申我不是同性恋，然后就走开了。从此他的玩笑听起来格外刺耳。

中午吃饭的时候犯人在监区四处转悠，一个犯人在做俯卧撑。我开玩笑地说："收腹"（get it in 还有性交的意思）。

"什么？你说性交？"格瑞·彼尼说。

我啐了一口说："你真是无药可救。"

他说："你就是我的药啊。"

下午六点的时候，犯人们吃完饭回来，有十几个犯人就是不愿意回牢房，他们不回去我就无法下班。我从一个分监区到另一个分监区给犯人开门。我打开 C2 时，格瑞·彼尼就站在前面不进去，我让他进去，他就走开了。我顾不上管其他让我开门的犯人，跟在他后面："把你的证件给我。"

"我没有证件。"他说。周围都是犯人。我让他把他的姓名和惩教号告诉我。他告诉我以后我就离开了。我核对了一下，发现姓名和惩教号都是假的，立刻火冒三丈，开始挨个房间找他。我把钥匙和对讲机交给接班的警卫，走出了椿树区。这时有些人从食堂回来，过道很黑，我看到一个之前被我打过报告的犯人。他追过来说："哈哈，别害怕，明尼苏达，现在就剩下你和我了。"

第二天早上我还惦记着昨天格·彼尼的事儿，这事不能一笔勾销。当犯人们到小院子里活动时，他也走了出来。

我说："你要出来不可能没有证件吧？"

"我没有证件。"

"那你就不要出来。"

"伙计，你还翻旧账。"

"还没完，你说谎，你告诉我的名字是假的。"

"我告诉你名字了啊，11 床，戈登·约翰，我没有证件。"

"你等一下，我要查一下。"我打开记录核实他的名字——名字和昨天告诉我的一样，这次的姓不同。我让他出去。他回头说了一句"同性恋混蛋！"

我马上给他记过并写上了昨天的日期。一个过错是不服从命令；另一个是对姓名和号码说谎；还有一个过错是骂我同性恋。我决定让他吃不了兜着走。

第二天当我正站在桦树区过道吃一个冰凉的苹果时，格瑞·彼尼走过来说道："我道歉。"

"我不想和你说话。"我说。

"我是过来给你道歉的！要么像男人一样解决问题，要么互相撕逼，我也告你一状——你算旧账，牢房可是有一本管理手册。"他知道我记下昨天的事情还写了日期，这样做不符合规定。我并不承认。

"好吧，我要报告你问我的性取向！"他说完就走了。

"操！"我不屑地说。

他停了下来："现在你知道游戏规则了吧，我倒要和你玩玩，而且我有三个目击证人。"他继续向前走，"我可清楚着呢。"

过了几个小时，犯人都回到了监区。有个犯人告诉我院子里的值班员需要一些袋子。我于是抓了几个袋子走出去。院子里只有德瑞克一个人。隔着篱笆我递给他两个袋子。

"现在就我们两个人。"他说格瑞·彼尼是他的朋友，也听说了我们之间的事情。

"嗨，伙计，饶了他吧，就算是给我个面子。"

"不。"

"兄弟，饶了他吧，因为……"

"他跟我耍花招，我可不想和他纠缠。"

"听着，兄弟，他不会再纠缠你了。"身边有德瑞克这样的人还是有好处的，他能摆平一些事情。但是这事儿谁说了算呢？他每次想出监区，我就让他出去。巴克莱对此有些怀疑，我告诉他德瑞克是值班的犯人，实际上他并不是。我不确定为什么要这样做。一开始我想从德瑞克那里更深入地了解一些监狱内幕，等着他求我夹带些毒品或手机，但他非常聪明，等着我先开口。我欣赏他的直率，但是他的故事让我内心不安。我开始怀疑他所说的那些事情——他真的杀了一个警察？还是他只是编了一个故事吓唬我？我们的对话总是目的明确——他想要拉拢我，赢得我的信任，可是又从一开始就种下一颗恐惧的种子，让我担心违背他的意愿会招致不测。这招也开始奏效了。

我说："伙计，对不起，我不能那么做。"

"听着，我知道他做了不好的事情，他昨天压力也很大。"他让我看着他的眼睛，我看了一秒钟就移开了。"如果帮不了你，那就别怪我伤害你，我就是这种人。"

对讲机里传出紧急情况呼叫。

第二天我参加了 CPR（强制性心肺复苏）培训。俄克拉荷马州塞尔市的北福可惩教中心的老师来授课，告诉我们进行心肺复苏时，如何用脚固定住犯人的手臂，防止犯人假装晕倒，用手打人。然后检查离你身体最近一侧的犯人脉搏，这样如果犯人死了，监控录像看起来不会像是你掐死了他。

金警官说他害怕对犯人进行心肺复苏，因为如果犯人死亡，他可能会被起诉。他一边按压一个假人的胸部，一边大声说这里的犯人待遇真是太好了。

负责犯人出狱事宜的克劳利则说有些人就是想留在监狱里，这个话题立即引起了大家的兴趣。克劳利模仿一个犯人说："为什么要回家？我在这里有免费的伙食，免费的床，免费的有线，想要的东西都免费，为什么要去街上找工作呢？"

"你知道眼科的激光手术费是多少吗？"金警官说。

"你说说。"克劳利说。

"五美元。"老师说，"他们只需支付五块钱。"

"他的福利可比我们多。"克劳利说。

"犯罪可比谋生容易啊。"金警官说。

昨天是金警官呼叫的紧急情况。他突然决定检查犯人着装，要求犯人去吃饭时，必须携带证件和榆树区的蓝色臂章，不允许穿改制的监狱制服。有些犯人很不高兴，有个犯人抓住拖把桶扔在地上。金警官说这个犯人看起来激动地就像抽了大麻。他自吹说："我倒不是很担心，因为我一个人就可以搞定他。"但结果当他试图制止犯人时，却被犯人抓住了。

"我跟你们说，连续 12 小时待在榆树区绝对是个极限挑战。"金警官说，"我不是开玩笑。绝对的挑战！挑战倒不是因为犯人，而是要控制自己的愤怒和培养自己的耐心。问题不是犯人，而是自己。犯人只要把手放在我身上，我就会马上进入自我保护模式。"

培训老师盯着金警官说："你是担心自己的命！"

金警官说："我是进入了自我保护模式，但是……"

"记住吧！你是担心自己命。"

22

1971 年，霍顿搬到阿肯色州开始管理监狱，他不想住之前监狱负责人的驻地，想住到种植园，于是上任后就把康明斯种植园的主管赶走，然后全家搬了进去。这个房子温馨舒适，之前的主人留下不少艺术品。一名前主管还在卧室里安装了一个蜂鸣器，这边一按，距离房子不到 50 米远的女囚劳动营的铃声就会响起，那里住着约 40 名女囚犯。这位主管的妻子不在家的时候，主管就拉响蜂鸣器，召唤他喜欢的女囚到家里来。

霍顿安顿好后就开始大搞监狱竞技表演。1972 年 8 月，约有3500 名观众购买了门票，只为观看犯人们为争抢几美元而进行的表演。没有什么表演经验的犯人骑着马，穿着黑白条纹的小丑服。有名犯人首次亮相就被马踢到肚子，被担架抬走了。为了赢得 10美元的奖金，20 名犯人扑在一头浑身涂满油脂的猪身上，想要抓住这头猪。观众最喜欢的表演叫"抓钱"，一头愤怒的公牛两个牛角之间系着一个装有 75 美元的烟草袋，犯人要想办法抓住钱袋。霍顿向记者介绍这类表演时说："我们的目标是让每个犯人重返社会，更好地承担责任，这种表演就是朝着这个方向努力的良好开端。"

霍顿必须要完成的任务是执行美国最高法院的裁决，即改善阿肯色州监狱的条件，废除犯人托管人制度，但他很快就感受到来自立法者的压力，因为这些立法者希望监狱能够盈利。穆顿的改革使州监狱亏损，康明斯种植园和塔克种植园已经亏损多年。霍顿最初表示反对，认为以获利为目的就很难建成一座好监狱。他说："一座好的监狱应该有利于社会。"他认为如果一所监狱成功地看管并改造犯人，犯人出狱后不再犯罪，这就是对社会"有利"。但他还是对农场进行了改造，将"低效的手工劳动改造为高产的机械化经营"。他放弃了种植粮食作物，开始种植棉花、大米和大豆等经济作物。霍顿在阿肯色州上任第一年，农场运营总收入就接近 180 万美元，比前一年增加了 50 万美元，甚至比穆顿管理之前的农场收入还要多。

霍顿在阿肯色州开始建立自己的帝国，他雇用了不少他在得克萨斯州拉姆齐农场时的员工，填充了近一半的高级管理职位，这些人也带来了他们强迫囚犯工作的方法。在联邦听证会上，一名囚犯作证说，因为他拒绝田间劳动，就被剥光衣服扔在小黑屋里待了 28 天。看守用空调对着他的牢房吹冷气，没人给他一条毯子，而只给了一点儿面包和水，这直接导致他体重减轻了 30 磅。当他后来再次拒绝田间劳动时，又被棒打一顿后关进了小黑屋。

有犯人在证词中提到，没有完成工作量的话，就要罚做"得克萨斯电视"。在这种惩罚中，犯人脚离墙壁几英尺，手放在后背，额头靠着墙壁，站立长达六个小时。他们有时甚至被要求赤身裸体，且常常得不到食物。"他们早上起来给你两块面包加糖浆，然后让你整天摘棉花，完不成任务，就让你做'得克萨斯电视'，吃不上晚饭，换不了衣服。""然后第二天照旧。总是这样惩罚犯人，怎么会有好的态度？"还有犯人说，他们的手放背后被铐起来，放在卡车的引擎盖上，卡车高速行进，有的犯人就会从引擎盖上掉下来。尽管有听证会的调查结果，但州长戴尔·邦珀斯对霍顿的工作表示满意，并告诉记者，犯人现在干活要比穆顿时期更卖力了。

康明斯农场一名17岁的男孩的死亡引起了人们对监狱更多的关注。这名男孩参与了"一日奇迹"项目，在项目中犯罪较轻的少年犯被安排体验监狱生活。按照霍顿的要求，少年犯来到监狱要遭受拳打脚踢，汽车追赶，以及被迫采摘棉花的历练。经过这样一番迫害，17岁的威利斯图尔特可能因心脏病发作而死亡，联邦调查局也介入了调查。

州长和媒体频频称赞霍顿。1974年10月，即霍顿来到阿肯色州三年后，康明斯和塔克监狱仍然没有为犯人"提供合法的工作条件，甚至在某些方面没有人道对待犯人"。

法官称监狱将犯人当作"次等人"，谴责霍顿"使用各种形式的酷刑，没有犯人改造方案，使监狱人满为患，种族歧视盛行，他还滥用禁闭，继续使用犯人受托人，缺乏医疗服务和基本的急救服务"。法院裁决之后，大约有200名犯人拒绝劳动，直到荷枪实弹的警卫强迫他们到田里劳动。监狱系统有损于阿肯色州的声誉，但从另一个意义上讲，这个时期是阿肯色州监狱盈利最好的时期。在法院判决的那一年，监狱农场的净收益接近 70 万美元。

霍顿之后康明斯农场一直处于亏损状态。路易斯安那州的安哥拉监狱、密西西比州的帕尔希曼监狱，以及得克萨斯州的许多监狱仍然作为监狱农场运营，但诉讼改变了这些监狱的运作方式，如今这些监狱是在花钱而不是为州财政盈利。直到后来霍顿在 CCA 引入新的管理模式，监狱才又开始盈利。霍顿很幸运，1976 年他离开阿肯色州经营弗吉尼亚州的监狱时，美国的监狱情况发生了很大变化。监狱人数开始攀升。在霍顿离开阿肯色州后的 10 年间，全国监狱人口增加了一倍多，从 263000 人增加到 547000 人。2009 年州和联邦监狱的犯人人数达到顶峰，达到 160 万人。监狱非但没有盈利，还需要政府每年拨款 800 亿美元以维持运营。

霍顿和合伙人于是找到方法来充分利用犯人激增这一新情况。我想要问他很多问题。他是否知道，过去监狱人口激增时，各州通过私有化来减轻政府经济负担？他是否了解美国监狱的历史，并以此为契机如法炮制？或者他只是一个商人，在美国建国以来就已存在的惩教行业中商海沉浮？我给他发了一封电子邮件。"我猜您知道我是谁，也看过了我在《琼斯夫人》上发表的文章。我想要更深入地了解私营监狱的历史，非常想跟您谈谈。"出乎我的意料，他当天就回复了我——"可以！"——并问我什么时候在纳什维尔见面。我们约定了时间，我也买了机票，然后还提前准备了有关他的档案资料。可是这时又收到了一封他发来的电子邮件："很抱歉，不能和你会面了，谢谢。"我想他是不是已经猜到了我要问他很多问题：在得克萨斯州和阿肯色州他与"犯人"的关系是什么性质？让黑人从早到晚采摘棉花感觉如何？从得克萨斯州类似奴隶制的农场演变到盈利几十亿的公司所经历的心路历程。

我一次又一次给他发邮件。"是时间不合适吗？""可以打电话谈吗？"

但他始终没有再回应。

23

　　我没有找到德瑞克。平时清点人数的时候，我们交换眼神以彼此打招呼。但今天他的床铺是空的。在中心区做记录的时候，我装作很随意地问另一个主管，德瑞克去哪儿了？他靠在椅背上说：关禁闭了。

　　我问：*他干什么了？* 他睁大眼睛看着我。

　　傻呗。

　　那他到底是做什么了？ 他坐直身体有些惊讶我的问题。

　　他——干了——傻事。

　　德瑞克走了，不久考纳·斯通也要出狱了。他坐牢 20 年，还有 6 周就要出狱了。经过 20 年的牢狱生活后，没有朋友，没有钱，我不知道他将如何重新拥抱世界？他说第一步先要找个住的地方，然后再自谋出路。但他并不知道该去哪里。他不想混日子。"一想到这些事情我就很焦虑，我该怎么办呢？我该怎么办呢？真是恐慌啊。"

　　他有时也心存幻想。"我想要一大瓶果冻，一大块德国巧克力蛋糕，五加仑的牛奶。"他站在院子里，我站在过道，我们两个人隔着围栏交谈。"完了之后，我还得要一顿海鲜大餐，装在餐桌那么大的盘子里，我和我妈两个人要大吃一顿。"

他把手搭在围栏上，往前靠了靠。"伙计，我要过快乐的日子，快乐不是指'找麻烦的乐趣'，快乐是要享受生活。我要脱掉鞋袜，走在沙滩上；穿着短裤拖鞋站在雨中，就像——"他伸开双臂，仰面朝天，张开嘴巴。"就是做那些我错过的事情，在监狱里不能做的事情。出去的时候，我再也不用使劲儿挺着胸脯，真累啊，过去20年压在我肩头的重担，就要卸掉了。"

监狱让我培训新学员。今天和我搭档的是一个个子不高的白人，他40来岁，一头黑发。他曾是"三蓬"（Triple Canopy）和"黑水"（Black Water）安保公司的雇佣兵，在伊拉克和阿富汗待过。他希望能很快再回到阿富汗。"那边的恐怖分子炸学校，和这边的情况可不一样，我得去那边。"他说，得小心翼翼地管这些犯人。"他们享受各种权利还弄出一堆烂事儿。"

我教他如何开门和叫犯人，告诉他一会儿就要让犯人们出来去食堂。他有些害怕地问："什么意思？""你要把这些门打开，让他们都出来吗？不是吧！"他认为犯人们不应该一下子全部出来。"除非你们有应急备案什么的，否则的话监狱真是糟糕，我再也不想再来了。我小时候住在密西西比州，那些身穿橘色衣服的犯人，被人用锁链绑在一起，监狱就应该是这样的啊。这么糟糕的监狱，我再也不想来了。"

我告诉他："这里就是很糟糕，犯人经常打架。"而实际上，过去6周已经有至少7个犯人被捅伤了。

犯人们吃饭回来的时候，我听到对讲机里有人喊："榆树区紧急情况！榆树区紧急情况！"一个警卫惊慌失措地喊担架，几个犯人打起来了。

"所有人都回去！"巴克莱对那些还没有回到牢房的犯人大喊。

一个人说："操！又是紧急情况。"巴克莱吹起哨子，我们让所有人进牢房后，就赶紧到桦树区去。

一分钟后，一个流着血的犯人被推了出来。有几个人受了伤，我听说有一个人被捅了三十刀，所幸的是没人死亡。

三天后我又在桦树区看到两个犯人打架。一周后，又有一个犯人在榆树区被多人殴打，有人说他身上被砍了 40 多刀。这期间普瑞斯辞职了。她在这里干了 25 年，早已厌烦了这里的工作。于是这几周桦树区暂时没有监区主管。她离开没多久，桦树区又有人被打昏，脸上中刀。柏树区也有人被捅伤。

很难想象犯人在禁闭区怎么就会被捅？匕首是从哪里来的？犯人是怎么碰到一起的？柏树区发生打架事件后的第二天早上，我听帕克在对讲机中说让维修工过来修门。一个月前他说犯人不用钥匙就打开了监区门。而在此之前 SORT 主管塔克也说过类似的事情。显然这个问题一直没有解决。

卡拉翰说在我来之前就存在类似问题。D1 区的门坏了两个月，她和巴克莱向上面反映过这个问题。有个犯人也投诉过这个事。巴克莱说："我用脚都打开好几次了。"他甚至还给监狱长演示过如何开门。有天晚上，两个犯人悄悄从外面就打开了门，一个犯人手里拿着 8 寸的刀，另一个拿着冰镐，他们找到里面的一个犯人，在他身上捅了 12 刀。一个行凶者警告里面的犯人，谁要是敢叫警卫就杀了谁，于是受害人躺在地上血流不止，等着警卫巡

217

查（按规定警卫每半小时就应检查一次监区），但是不出所料，根本没有人来。直到一个半小时后，来清点人数的警卫才发现他。受伤的犯人在医务室待了9天。卡拉翰说："孩子，明天他们就过来修门了！"

巴克莱说他希望有记者能来这里看看。他说其他监狱里，犯人如果捅伤他人就会面临新的指控。可是在这里只是把行凶者放在隔离区，很少被转运到安全级别更高的监狱。巴克莱咬着牙说："CCA就是他妈的心疼钱，就是不舍得花钱，这些事情才不断发生。"

几家CCA监狱都发生了暴力事件。俄亥俄州的一所监狱在CCA接管之后犯人之间的暴力事件增长了近两倍，犯人袭击警卫的事件增长了三倍。肯塔基州的CCA监狱要求提高看管费用时，州政府基于两点拒绝了监狱的要求，一是这所监狱发生的暴力事件是州立监狱的两倍；二是这里曾发生过一名员工私自带枪并在监狱长办公室开枪自杀的事件。2016年联邦政府的报告表明，私营监狱中犯人间的袭击事件比公立监狱高出28%，私营监狱中拥有武器的犯人数量是公立监狱的近两倍。

但是这些数据准确吗？要不是我在韦恩监狱亲身感受，我可能永远也不知道这里有多么暴力。在韦恩工作期间，我记录下每一起亲眼看到或听到的暴力事件。今年前两个月就至少有12人被捅伤，监狱本应该将这些袭击事件报告给DOC。但是DOC的记录显示，2015年前10个月CCA只报告了5起袭击事件。

我在韦恩工作的第7周，暴力事件频发，安全事态已经失控。

2016 年 2 月 16 日，监狱进入无限期的一级防范禁闭期。犯人们不允许离开各自所在的分监区。过道空旷，操场上乌鸦聚集，到处都是水洼。身着黑衣的 SORT 队员来到韦恩列队巡逻，有人还带着黑色面罩。

新来的 SORT 队员来自全国各地，他们开始逐步搜查监区。DOC 的督察官也在巡查，CCA 从其他地方派来的监狱长也到了韦恩。气氛骤然紧张起来。只有帮厨的犯人能出入分监区。每天发放餐盘就像是在打仗，犯人们冲上来什么都拿。

有个犯人喊道："CCA 不配开监狱，出了事情就只知道搞防范禁闭。"另一个犯人说："我来了以后这里天天打架斗殴。其他监狱能控制局面，这里就不行，从上到下得进行整顿啊，你懂我的意思吧？要是监狱长真的想管好监狱——该死的！为啥不增加人手呢？但是你知道这意味着什么？要花钱啊。'他们都不在乎，就让他们自我毁灭吧！'"

有一天一个公立监狱的监狱长来参观椿树区。他跟我说："我不知道这儿是怎么回事，但是情况不好啊，有的地方太差劲儿了。"

我问他韦恩监狱和公立监狱有什么区别。他说："哦，区别大了，这里管理太松了。"他说要是在公立监狱，大厅需要有 4 个警卫（这里只有 2 个）；警卫的起薪是每小时 12.5 美元；警卫去警校学习，每个月另外有 500 美元补助；警卫每次通过季度的体能测试，还能拿到 300 美元；新人培训是 90 天。 我告诉他我们的新人培训是 30 天。他说："开玩笑吧，我干这行 16 年了，这地方自由散漫，糟糕得很啊，迟早要出事的。"他说 CCA 估计会丢掉合同。

一天 SORT 队员来到梣树区。一个手持胡椒弹枪的蒙面警卫把守，其他队员在旁边喝着威士忌，吃着面包和燕麦馅饼。犯人们被送到健身区，SORT 队员开始搜查监区，他们把犯人们的东西都扔了出来，检查床垫，发现了不少符咒、手机、药丸和白色粉末。

一个 SORT 队员眉头一扬，阴阳怪气地说："有人知道可卡因是什么样吗？"他和另一个队员开玩笑要偷偷拿走可卡因。"我们可没找到，哈哈哈！"

巴克莱看不惯这些人的嚣张，不让他们拿走犯人们的咖啡或是弄坏火柴搭成的手工艺品。"有人因为犯人们关禁闭就认为他们是混球。"

SORT 队员检查完毕后。犯人们被带回监区。大部分人的床垫都被扯坏了，里面的东西也都掏了出来。有些人抱怨丢了东西。SORT 的长官把他的人都叫到监区。一个人喊道："回到你们床上去！我们要使用武力了。"有个队员手拿胡椒弹枪，另一个队员戴着面罩，拿着榴弹发射器。那个长官在监区来回踱步。"你们要是觉得丢了东西，就填写失物申领表走程序。我的人可没有拿你们的东西。别在那里叨叨，明白不？"

过了一会儿有一个犯人开始翻垃圾箱。两个 SORT 队员把他铐住揪了出来。警官让他靠墙站，"我刚才跟你说什么了？"犯人说他正在找他的证件。警官说，"额头靠住墙"，那个犯人照做了。"你要是敢额头离开墙，就把你打趴下，明白吗？"

"明白，长官。"

"我们不是这儿的人，现在这里需要整顿，可能是个痛苦的过程，但要改善这里的环境，就要加强管理，你明白吗？"

"明白，长官。"

"我也不想拿你当典型，明白？"

"明白，长官。"

"有问题吗？"

"没有，长官。"

SORT 队员一离开，犯人们就开始大声抱怨，他们一边抱怨自己丢了东西，一边埋怨我没有站在他们一边。

禁闭期间，考纳·斯通想要出监区。小卖部关了，每个人的存货都不多，犯人们的需求激增，也有很多人想要香烟。他们想让我帮着带点儿东西，但我拒绝了他们的请求，因为我知道一旦答应，就会有源源不断的请求。我没有让考纳出去，周围有这么多双眼睛，出去太冒险了。一连几天，他都靠躺在床上盯着天花板消磨时光时间。

还有五天他就出狱了，但他还是不知道出去后在哪里落脚。"你是周四出狱吗？"

"应该是。"他说。路易斯安那州法律规定除非犯人出狱后有地方可去，否则不容许提前释放。假释犯人必须待在本州，但他的母亲并不在路易斯安那州居住。因为出狱后没人可以帮他，所以他还得依靠 CCA 帮忙安排住所。监狱的教官也想帮他，但考纳说他还是遇到了一些麻烦。

"所以他们还是要把你留在这里？"我有些不相信。

"是的，算是吧，我也不生气了，出去的日子快要到了，这么多年就盼着这一天，我不生气了。"

我问负责考纳的主管是怎么回事。他说："他本应该出狱了，但是外边没有住所的话，他就不能出狱，我也帮不了他。"

考纳告诉我："监狱可不想让人走，犯人待的时间越长，监狱就能赚到越多的钱，你明白吧？"

一个 SORT 队员告诉我，他们准备在韦恩待几个月。昨天他们在榆树区发现了 51 把匕首，相当于每 7 个人就有 1 把。今年第 1 季度，CCA 在韦恩监狱查出 200 件武器。韦恩监狱成为全州犯人拥有武器最多的监狱，平均没收犯人武器的数量是规模差不多的艾伦惩教中心的 5 倍多，是安哥拉监狱的 23 倍。一位警卫在晨会上说："他们这是要开战啊。"

金警官路过桦树区时，犯人们开始大喊："商店是怎么回事？"犯人们因为处于禁闭期，三周都没有去过小卖部了。他们趴在围栏上，看起来很生气。有人喊道："再这样下去，我们就都暴动了。"

巴克莱有些紧张，指着门口对我说："他们要是扔屎的话，你就站在这里好了。"一周前得克萨斯州一所私营监狱发生了暴动。我看到犯人们当时也在看这则新闻。

我走到一个分监区。

"什么都没有还点什么人数！不让我们去小卖部你们就不要过来。"

"就是！我们同意。"

"我们要上电视八台的新闻。"

"你们来这儿干吗，不要命了吗！"

"去他妈的点人数，让监狱长过来！"

金警官到了一个分监区跟犯人们说："你们得给我个机会啊，别嚷嚷了，再嚷嚷的话，SORT就又要过来了！"

"我们才不管！"

"没有肥皂！什么都没有！没有除臭剂！没有香烟！这地方糟透了！"

我不想让犯人觉得我们害怕了，所以还是在大厅巡查。每个人都到处撒尿，感觉这地方随时都会爆炸，让人不禁想逃。一个小平头的白人犯人，目光冷酷，对我说："他们还没逮住你，总会逮住你的。"

有人叫金警官"黑鬼"，他假装没听见。他把我和巴克莱叫到门口说："听着，这里很危险。"

"别废话。"巴克莱说。

"两天查出来75把匕首，这帮混蛋很危险，你们别进监区了，也别让他们出来。现在不解决问题的话，他们可能要暴动，SORT就会用胡椒弹枪。"说完就走了。

过了一会儿，一位CCA从田纳西州派来的监狱长过来和犯人们谈话。一个犯人说："有人打架斗殴，其他人却要跟着受罚。而那些干坏事的人甚至都没有得到应有的惩罚，伙计们，让那些坏人接受审判！"

"伙计们，我们什么都没做啊！"

"我明白，你们受到了不公平的待遇，这儿这么多人，我们也不想像对待难民和动物一样对待你们。"犯人们并不让步。过了几个小时，SORT 队员过来开始押送犯人去小卖部。

巴克莱告诉我沃尔玛员工的时薪提高到了 10 美元，和我们的时薪一样。想想吧……

禁闭期持续了 11 天。禁闭解除后，考纳等着让我放他出去。我没有理他。他央求我，我不为所动。虽然说不清楚为什么，但我觉得他在向我施加影响，怀疑他对我友好是为了利用我。我开始像对待其他人一样待他。饭后他会在外面待很久，等他回牢房的时候，我用力甩了门，我转身离开时，听到他喊我的名字。

在那一刻我内心有点儿愧疚。他出狱的时间到了可是却没能离开。清点人数的时候，我看到他躺在床上，从我身边路过的时候也不再看我。

一个犯人勤杂工把我拉到一边，靠着笤帚问我："嗨，你怎么了？"

"怎么了？"我说。

"冷静！放松些，为什么跟你说活的时候感觉你很强势？你太严厉了。"

"我不强势啊。"

"不，不，你变化很大，发生什么事了？"

我跟他说最近确实压力很大，总感觉危机四伏。过去犯人们无伤大雅的小犯规，如今看来就像是个人袭击。一个身体残疾的犯人没有按时离开，我就觉得他是在试探我，想要把我打垮。看到犯人白天躺着或是站在过道，我都感觉是威胁。我不在乎这些规则本身，因为规矩是人定的。但是我执念于如果有人当面违规，就是想要一点点摧毁我的意志。

一天有人让我去看守长办公室。我有些紧张，因为之前看守长从来没有叫我去过办公室。我到了后发现看守长一人坐在桌前。

"我觉得你是一位坚强的警卫。"他这么一说，我马上放松下来——这是对我不错的工作评价。"我觉得你注重细节，干事有一套，能够考虑客观情况。你去了桦树区之后，解决问题能抓住关键，现在犯人们也开始理解了——这就是这个监区的管理方式。这就是鲍尔的管理方式。"

他面前的电脑屏幕上写着："他工作出色，勇于担当，坚强独立，拟推荐升职。"

"这就是我们对你的评价，请继续努力。"

我勉强挤出一个笑容。

一级禁闭期结束后，SORT 还没有撤离。他们在走廊巡逻，随机搜身，扫荡搜查监区。有天早上我看到监狱外面停着一辆白色巴士。晨会上有来自公立监狱的 15 位监狱长和警卫参会。韦恩监狱的监狱长走到讲台上："感谢路易斯安那州 DOC 的朋友们来帮助我们渡过难关。"他这么一说，大家都有些害怕，这是要被接管了吗？我们要失业了吗？

有个监狱长和几个警卫跟随我和巴克莱到了桦树区。有个警卫说要把那些对警卫特别友善的犯人转运到其他监狱。我很惊奇地看到他们让桦树区一个犯人勤杂工收拾东西。那个犯人收拾柜子的时候，一小包毒品掉在地上。"这是什么？"警卫问。

"我不知道是什么。"这名犯人用他一贯无辜的语气回答道，"我也刚发现啊。" 我从来没怀疑过这个人。拷在他粗壮手臂上的手铐显得那么不堪一击。

一个警官说："这人厉害得很，监狱里发生的很多事情都和他有关，他对犯人和其他人都有很大的影响。" 他说已经开始使用测谎仪来测试警卫了。有几个人拒绝测谎，甚至选择了离职。我紧张起来，赶紧到卫生间，翻了翻我的笔记本，把其中关于晨会的记录和评论都撕下来扔进了马桶。上面有一条，记载的是一位女同事关于性骚扰的投诉九个月都没有得到解决的记录。

现在本子上就是一些犯人违规的记录：

6：10 我他妈的要扇你。揍你的屁股。偷盘子。

4：04 29 号床没有离开浴室。D2

24 号床拒绝离开。"操！敲死你，你报告吧！" C1

10：57 清点人数时马歇尔没在铺位上。

"让黑人来收拾你。"

8：17 "你想要那个混蛋。这就是你想要的。" D2-8

5：45 "搞定你。" D2

有个犯人跟一位安哥拉监狱的警官说，想要一张表格投诉我，因为我对他不公平。三个警官围住他，让他脱掉衣服。他脱了衣服，警官们搜了他的衣服，让他回到床上去。有个警官对我说："我不想听他说任何屁话，他们就想拿投诉吓唬你，我可不在乎什么

226

投诉表。"我告诉他，格瑞·彼尼也曾威胁要投诉我。

"伙计，我们都经历过。"他说，"有个犯人说我进了他的房间，把他打晕后强奸了他。我不得不接受调查，上法庭，还做检测之类的。实际上是那个犯人不想让我们搜查牢房，然后就编出了这个理由。上面开发了 ARP（行政救济程序），还开发了 1800 匿名报警系统，这些都是为了对抗安保人员，我知道这些都是糊弄人的，所以并不担心，但有些人就当真了。"

"这就是个心理游戏。"我说。

"你说对了，我要提醒你注意的是带来的饮料瓶罐，走的时候要带回家。因为如果把罐子扔在那里，犯人们可能从垃圾桶里找到饮料瓶罐，搞到你的 DNA，然后就会说，他们怎么会有你的 DNA 呢？然后你解释说往垃圾桶里扔了个塑料瓶，犯人捡上了？这种事我们遇到很多。"

椒树区新来的惩教顾问领着安哥拉监狱的警卫到了分监区。她让一个犯人把手从裤子里拿出来，当时安哥拉监狱的警官就在她旁边。

"如果你坐在那里，手放在裤子里，我假设你是在——"

那个警官看着她。"假设？我跟你说，即使你没看他，他也在自慰。他总得做点儿什么。"他们让那个犯人走了。

清点人数时，来自安哥拉监狱的警官吹起口哨，让每个人在床上坐直。我和巴克莱从来没有这么做过。他说，如果习惯于数躺在床上的犯人，可能有人死了都不知道。所有的犯人都毫不犹豫地坐起来。只要 DOC 的官员在，一切都进行得很顺利。犯人进入监区时，他们让犯人穿过金属探测器，之后我和巴克莱再疏导犯人进入分监区。

有 DOC 的人在，我不太担心会受到攻击，而且有犯人也说环境变好了。还有人说，DOC 的人一走，事情就会回到原来的状态。"这就像妈妈和爸爸回家一样。"一名犯人说，"但是当他们出去度假时，孩子们就开始捣乱了。他们得提高你们的薪水，否则监狱永远不会有变化。不提高工资，大家就觉得做事不值得。DOC 的人待遇很好，所以他们感觉做事值得。他们比我多挣七八美元，你想让我做同样的事情，我可不干！"

当 DOC 的人在这里时，韦恩监狱成为公私两种不同监狱系统碰撞的前沿阵地：路易斯安那州立监狱和 CCA。当 SORT 队员来到桦树区后，DOC 的官员密切关注他们，认为他们是无能狂妄的"锅盖头"（对美国海军陆战队士兵的谐称）。他们嘲笑 SORT 队员戴着大罐的胡椒喷雾四处走动，而监区里并没有配备防毒面具。SORT 队员大多是军人出身，他们认为 DOC 官员只不过是管理 CCA 的一个部门，其职能和美国其他的监狱职能差不多。每个州都有各自的监狱系统，公立层面没有与 CCA 的 SORT 相当的机构。

韦恩的警卫对 SORT 队员和 DOC 官员表面毕恭毕敬，但私下里认为他们都是挑刺的主儿。他们来了以后，韦恩监狱之前无能为力的管理转变为事无巨细的管理。DOC 官员责怪我们让囚犯在监区里面吸烟，监控中发现有人吸烟时，就要找到那个犯人，当众让他脱衣检查。我刚坐在椅子上喘口气，安哥拉监狱的警官通过监视器看到电视室里有个犯人裤子松了，于是让我到电视室告诉那个犯人把裤子提起来。

晚饭后，我看到威尔森在另外一个监区，就让他回到自己的监区。"我拿一下短袖。"和他说话的犯人脱下身上的衣服递给了他。我看到两个人握手并极隐蔽地传递了一个揉成团的小纸条。威尔森试图快速走开，但我在后面喊住了他。

"他说要把短袖给别人。"

我说："不是这个，交出来。"我打开门让他走进监区。

"多管闲事他们又不多给你钱。"他说。

我冲他吼："把纸条给我，把手里的东西给我。"他赶紧把手里的东西放进裤子里。

"威尔森！你想让我搜身吗？快点儿拿出来！"

"我没拿什么纸条。"正当他往前走的时候，有东西从他裤腿里掉出来。我捡起一个用玻璃纸包着的绿色药丸，闻起来有股焚香的气味。他一脸内疚，什么都没说。我把药丸放进口袋里，走出监区时，感到身上背负着巨大的压力。"我在干吗？"

巴克莱看到我手里拿着什么，便问是什么东西？

"毒品。"

一帮安哥拉监狱的警官找到威尔森和那个同他说话的犯人，把他们带出了监区。SORT队员给他们戴上了手铐。这几个月我和威尔森有不少小矛盾，但是这一次因为毒品我把他送进了禁闭区。

下班前，我回到办公室填写报告。这时监区总管里弗斯进来了。看守长打开抽屉从里面拿出来一大包从犯人那里没收的烟袋。

他们两人小声说了几句话，同时紧张地看了看另一间办公室，惩教局的监狱长正在那里谈话。"我得把这个藏起来。"看守长对里弗斯说。他让里夫斯把主管泰勒叫过来。泰勒过来后，看守长给了他20袋烟袋。

泰勒说："给我的？"

"是的。"

"你没收来的？"

"是的，我们没有登记。"

"全部还是一部分？"

"全部。"

我把报告递给看守长就离开了。出去的时候碰到了卡特，她是这里的社工。等着开门的时候，我在扭腰，她则正抬头向上看。

她问："你觉得怎么样？"

我说："还好。"

警卫打开了门。"你已经习惯了吧？"卡特说，"有人问我是不是招人的时候太挑剔了。我倒是想挑剔，但是招进来的都是些不靠谱的懒人，有什么样的人就招什么样的人呗。"她笑了。"但是偶尔也能招到不错的人，比如你，这种情况并不常见。"

户外的青蛙蟋蟀声声脆鸣，空气清新而又怡人。每天晚上下班后，我都要深呼吸，并思考我到底是谁。卡特说的对，我已经习惯了这里的生活。快乐和愤怒的界限正在模糊，呐喊才能证明自己活着。我以拒绝犯人的请求为乐；打报告的时候喜欢听到他们的抱怨；当他们请求我饶过他们时我置若罔闻；我没收了他们挂在放映室的衣服，听到他们大声叫嚷时心中反而很高兴；禁闭期间桠树区有可能发生暴动时，我倒是希望 SORT 队员冲进来用胡椒喷雾横扫整个监区，到时候包括我在内的每个人都咳嗽不已，呼吸困难，尽管如此也很好啊，因为这就是行动力！最重要的就是行动力。

回家的路上道路开阔，两边的树木在汽车灯光中快速掠过。我是谁？我曾经坐牢 26 个月，如今怎么会因为毒品让另外一个人关禁闭？我想到柏树区的犯人或许正恐慌而愤怒地摇着牢房的栏杆；我想到不时响起的绝望呐喊；我想到自己坐牢时的点点滴滴，有时躺在地板上，上下晃动一瓶水，只为看瓶子里的水波起起落落；也曾惊奇地看着蚂蚁爬来爬去、研究墙上的刻度线，以及不自觉地喃喃自语。

伊朗的伊文监狱和韦恩监狱有很多不同，没法相提并论。但是开车的时候，脑中闪现的都是两个监狱的一幕幕景像：我在伊文监狱有床垫，而在韦恩监狱的柏树区犯人只有一张薄薄的泡沫垫；在伊文监狱犯人不必经常遭受胡椒喷雾，韦恩监狱则不同；伊文监狱犯人的室外活动区域要比韦恩监狱大得多，韦恩监狱的犯人一天也只能室外活动一小时；在伊文监狱我不能写信，韦恩监狱的犯人则可以；在伊文监狱我和其他犯人只能小声说话，而在韦恩监狱犯人们可以大声说话而不必受惩罚；与伊文监狱不同，柏树区的犯人须当着其他人的面，甚至是在警卫的注视下上厕所。

回到家洗了澡，我喝了一杯又一杯红酒，想要放空自己的思绪。脑子里始终都有一个之前坐过牢的人和一个警卫在争斗，我不想让他们再斗下去了。

我决定停止这一切。四个月足够了，我准备辞职。

等我回到监狱的时候，惩教局的人已经走了。狱长助理帕克很高兴——因为 CCA 可以继续管理监狱了。他在晨会上说："两枪开火迎来了伟大的路易斯安那州，但现在他们竟然想要把韦恩监狱弄分裂。" 惩教局的人和监狱员工谈话时得知有员工将大量的合成大麻带进监狱，甚至和犯人发生性关系。"有员工说，比起同事和狱长，他们更信任犯人；还有员工说：'犯人让我感觉良好，为什么我不能爱他呢？为什么我就不能给他带东西呢？'"

狱警们都摇摇头。曾经一起参加培训的学员斯德琳因为把违禁品带进监狱，还给一名犯人写情书，几天前被 SORT 队员带走了。威利斯曾经是犯人，后来成了韦恩的警卫，因为被查出拥有多部手机，最近也离职了。

我是不是也应该离开？是不是该悄悄交出桦树区的钥匙，然后不顾身后的呼喊走出大门？是不是应该走之前和巴克莱握握手，跟犯人们道别？是不是可以告诉考纳我的电话号码，让他出狱后可以联系我？离开的时候，我钻进车里，绝尘而去，车外泥水四溅，车内音乐轰鸣。

帕克给我们讲授他从惩教局那些狱长那里学到的经验。这些狱长说这里所有的人（包括帕克）都缺乏主人翁意识。从现在起不能再松懈糊弄了。打开分监区的门让犯人去食堂的时候，给犯人的时间是一分半，之后马上关门。如果有人错过了吃饭时间，站在牢房抱怨的话，就让他们退回去，如果不退后，那就没得商量了。"哈哈，我们怎么办？上胡椒弹！让黑衣忍者（指SORT）收拾他们。" 我也许应该到帕克的办公室递上辞职信，告诉他我在监狱观察到的情况，告诉他犯人们和警卫们的不满。

肯尼到梣树区来找我。普瑞斯几周前辞职后，梣树区一直没有主管，肯尼刚刚接任主管的工作。他之前一直怀疑我，我要是告诉他我不干了，他应该挺高兴。"狱长让我找有见识能胜任领导职位的人选。"他微笑着说，"所有员工中，我看好你，如果你有意晋升，我可以帮你。"他说我可以在警官、中士、惩教顾问这些职务中选择。从我到韦恩监狱开始培训算起，到现在也还不到四个月。

"下星期准备好，咱们一起开始工作，我要开始培训你。"

我坐在那里不知如何是好。也许我应该当一名警官，自由地在监狱转悠而不用承担日常的事务。新的职位会带来什么机会？也许我应该再坚持一段时间。我也许该给塔克打电话，说我想加入SORT。我想去看看SORT在美国中西部的训练中心。我要晋升去接受SORT培训，然后再离开。

日子一天天过去。我通过邮件告诉编辑："这工作几乎让人难以忍受。"她回复说："也许是时候结束任务了。"我没有回复。日子还是老样子。惩教局的人走后，良好的秩序也消失了。犯人们有了更多的抵触情绪。等待升职的那段时间，点名时我在监区走来走去，大声斥责犯人，让他们像过去一样坐在床铺上等待点名。他们要是睡着了的话，我就会踢他们的床。我也不再发火生气了，直接就是打报告，记下他们的违规行为，写了一页又一页，有时候一天写 25 份。如果犯人点名时没有坐在床上：记严重违纪；如果犯人说我的坏话：记蔑视警卫；对于点名时仍然没有出浴室的犯人：记进入违禁区域；我没收了犯人在床头晾晒衣服的衣架。

　　下班回家后我一点儿也感觉不到放松。我和爱人莎拉的关系也出现了问题。每天在监狱工作就像是战斗，下班后两人打电话还像是打仗。这都成了常态：打电话，吵架，挂电话。她曾经鼓励我参与这个项目，但是现在却觉得我入戏太深，说我变了很多。我跟她谈的都是监狱里的事情，说话的语气方式让她感到很不舒服。我以前注重解决问题，而现在谈到的都是我和犯人之间的问题，犯人们打架斗殴以及和同事之间的矛盾，诸如此类。她感觉我总在生气，而我并不自知。她对我没有时间和精力关心她颇有微词。

　　三月中旬她从加州过来看我。当她真的来到我身边的时候，我们之间的紧张关系得以缓解，而实际上，我们并没有那么多隔阂。但是她说我的脸上总是显露出焦虑不安，面部有些抽搐。我的呼吸也不正常，睡觉总是翻来覆去，睡不踏实。有时我觉得她来这里是为了劝我离开。她总是问我什么时候辞职。我总说正在考虑或者干脆岔开话题。

　　有一天深夜，莎拉叫醒我。我在杂志社的同事詹姆斯·韦斯特最近来到路易斯安那州拍摄我的故事，在韦恩监狱拍夜景的时候没有回来，一定是发生了什么事情。我给他打电话，接电话的是当地警察局长克兰福德·乔丹。他说詹姆斯得在监狱待一段时间。我立时脸色煞白，"下一个会是我吗？"于是我和莎拉匆忙整理了有关报道的所有材料，在半夜两点住进了一家旅店。

234

詹姆斯早上七点四十五分把租来的车停在监狱对面。他把微型 GoPro 相机粘在路边的牌子上进行拍摄，然后走过开阔的没有围篱的区域，走进树林找了个地方拍摄监狱。因为当时天黑，他不小心陷入了泥中，于是拿出手机借助手机灯光想要走出泥沼。几分钟后，从距离他约一公里的监狱方向射来一束光。他赶紧躲起来。他等着灯光消失后，才走向车子的方向。但那一束光又扫了过来，当他返回路上时，发现监狱的巡逻车停在离他车子不远的地方。

詹姆斯冲着那辆车子招了招手。嗨？嗨？没有人回应，车子也没有靠近。他进了车里，正准备开车走的时候，他想起来还粘在路牌上的 GoPro 相机，里面的存储卡里有一段他采访我的录像。如果让警卫发现的话，就会暴露我的卧底身份。他把车开到黑暗处停了四十分钟，然后又返回去。当他把车从黑暗处开到监狱空地时，看到了警灯闪烁。有几辆警车和监狱的车堵在韦恩监狱外的道路上。他开过去的时候警察让他下车检查。

三个警察和五六个 SORT 队员围住他。詹姆斯把自己的澳洲驾照递过去，他们问他之前在树林里干什么。他有些惊慌失措地说是去小便。SORT 队员把他车上的东西拿下来，摆在路上。他的包里都是些摄像设备。他只好说，他是名摄影师，来这里拍一些当地的照片。

詹姆斯阻止他们翻自己的东西，但是他们不听。他说这样的搜查是非法的，他们仍然翻他的东西。有个警察说，*你不能把拍摄的东西带出去，我们也不知道你是谁，保不准是恐怖分子。*两个警察打开了执法记录仪，录下了以下的内容：

"你拍的是什么照片？"凯利·芬尼——一位大腹便便、留着白胡子的警官指着地上的东西问道。

"这些都是我的照片。"詹姆斯有些害怕。

芬尼要求看内存卡的内容。

"不，不可以。"詹姆斯知道警察得出示搜查证。

"我要把这些东西都拿走！"芬尼说。詹姆斯拿起了地上的相机。

"哼哈，过来呀。"芬尼叫嚷着抓住了詹姆斯的胳膊。

"你不能拿走我的照相机，我了解规矩。"这时另一个警察从詹姆斯手里抢走了相机。

"你还要拿吗？我让你尝尝蹲大牢的滋味。"

"不，我不要。"

一个 SORT 队员从车里搜出一个无人机。我们原本想用无人机拍摄监狱的俯瞰图景，但是无人机坏了，詹姆斯打算把它送回亚马逊修理。

"把手放到后背。"一个警察说。

"好的，我配合。"

"你没配合。"警察用手铐铐住他，宣读了被逮捕者的权利，让他坐在警车后面，紧挨着牧羊犬的笼子，然后关上了门。执法记录仪仍然在录像。

一个警察说："我们起诉他擅自闯入，哈哈，我知道怎么写：就写他出来找袋鼠！"

"我喜欢你的幽默，就是说我可没有做坏事喽。"一个SORT队员对芬尼说。芬尼笑起来。一个SORT队员翻看相机里的图片，其他警察在一边看着。一个警察说："看来澳大利亚新南威尔士和我们这边的法律不一样啊，欢迎来到自由的韦恩！"一群人大笑起来。

他们开车把詹姆斯带到了韦恩菲尔德的一家拘留所，让他脱光衣服，给他戴上了手铐和脚镣。

第二天早上五点，我醒来后打电话请了病假。

詹姆斯醒来后，旁边牢房的一个犯人冲他大喊，*嗨！姑娘！你跟男人睡过觉吗？*这样的骚扰持续了几个小时。*没人让我们和这个小姑娘玩玩啊。*

他问警察局长能否给父母打个电话。局长说，告诉他们我们可没有天亮就把你枪决。

我开车一个小时来到路易斯安那州之外的一家联邦快递，邮走了所有的笔记和录音资料。杂志社的律师正在给詹姆斯办理保释，以防止警察局拿到搜查证后查看他的相机。

三个人把詹姆斯带到一个房间，两名州警官、一名地方警察，还有一名国土安全探员开始审问詹姆斯。一个人说：*你把曝光CCA的事情都写下来，我们和CCA没关系，他们之前还找过我们麻烦。我不在乎那个人是不是在监狱上班。*詹姆斯觉得"那个人"指的是我。

晚上一万美元的保释金到账，詹姆斯被释放。有个警察跟他说：*文章写好了别忘了发我一份。*还有个看守跟他说：*真抱歉让你看到这里的情况，有些地方我都不愿意领狗进去。*

我和莎拉在韦恩菲尔德的加油站接上詹姆斯，来到城区外的旅馆。第二天早上我又跟监狱请了病假，看守长说回来的时候最好让医生开个假条。我下楼在旅馆的大厅拿了一杯咖啡，忽然看到了一个 SORT 队员站在外面，腰带上挂着手铐。他们是来找我的吗？我们三人赶紧从旅馆的侧门离开了，当我开车出来的时候，看到一个之前在监狱见过的人。我们回到租住处，迅速把东西装到塑料袋里，放在车上。开车路过监狱的时候，詹姆斯跳下车，拿上还在路牌上粘着的 GoPro 相机。我们一路驱车跨过州界来到得克萨斯州。夕阳余晖撒向平原，钻油台上的钻柱上下移动，微风轻拂灌木。劳累的人们在停车场的餐厅喝咖啡。莎拉和詹姆斯都感觉高兴又轻松，但我却高兴不起来。

到了达拉斯以后我们坐下来喝啤酒，此时我内心的压力才稍微有所缓解。这么长时间以来，我第一次开始注意到周围的笑脸，我不用再为明天而紧张焦虑，可以开怀畅饮，尽情舞蹈和欢笑。第二天早上在旅馆，我剃掉山羊胡，于是看到了一个全新的我。

我给韦恩监狱的人事部门打电话："我是狱警鲍尔，打电话是因为我要辞职了。"

"哦，鲍尔，我讨厌听这个。"人事部的那位女士说，"我可不想失去你，表现那么好，你要是再待一段时间很有希望升职啊。好吧，以后你要是改变心意的话欢迎回来，你知道程序的。"

后记

我离开韦恩后，帕克找到了巴克莱。巴克莱心想，我做了什么事了？在办公室里，帕克问巴克莱对我的印象。巴克莱："我喜欢和他一起工作，他是个好搭档，也如实报告犯人违纪，有什么不对的地方吗？"帕克没说什么。

出来的时候，巴克莱问门口的一名警卫："鲍尔怎么了？"

那个警卫回答："你没听说吗？鲍尔是个卧底记者！"

10个月后巴克莱打电话的时候跟我说了这些事情。他说："天哪！我当时就笑了，你记不记得我有一次跟你说真希望有记者能调查一下这里的情况。"

关于我的事情传得很快。我辞职后，韦恩菲尔德的报纸就报道了我在监狱工作的事情，国家媒体也转播了文章。CCA发表声明，称我的做法"挑战了记者的职业操守"。曾和我一起工作的一些同事很快联系到我。因为工作风险大，在我之前就辞了职的卡拉翰在Facebook上给我留言："嗨，小伙子干得漂亮！"还有一位同事给我发邮件："哇哦，鲍尔！为你骄傲，我都不知道该说什么了。"

我也试着联系书中提到的每个人，想问问他们在韦恩监狱的经历。有些人直接就拒绝了；有些人没有回应；有些人联系不上了；还有不少人出乎我的意料，因为他们非常愿意分享。考纳和一些犯人坚持说他们早就看出一些不对劲，他告诉我："我就不知道哪有警卫五分钟就要拿出本子记笔记啊，大家都在说，我早就知道啊。"科林斯沃斯得知我是记者后说："太酷了。"克里斯汀（就是那个耳朵有些残缺带着牧羊犬的警卫）和大部分人的想法一样："等不及要看你写的故事了。"

还有一些人出乎我的意料也和我联系，安全主管助理劳森女士告诉我："知道你的身份后他们真是吓得要死，得知你是记者后，他们的反应是'天哪！我的老天爷啊'。"惩教局很快开始要求对所有员工进行背景检查。CCA派人到韦恩监狱对我进行全面调查，收集了"有个人签名的所有资料"，调查特别集中在反映从一名观察者到一名真正狱警转变的事件：我在桦树区没收手机的事情。劳森说公司四五次打电话要那部手机，"可能他们觉得那部手机是你从外面带进来的或是手机上有一些可查的信息"。劳森告诉他们："不是，那是他从水池下面发现的。"

我没收手机后填好报告就把东西交给了普瑞斯，但是后来手机找不到了。于是神秘消失的手机引发了公司进一步的调查，克里斯汀和劳森受到影响，他们因为涉嫌违规将手机卖给犯人而被开除。两人对此都矢口否认，CCA也没有对两人提起诉讼，之后劳森很快就离开了路易斯安那州。

劳森还说帕克给她发了一张照片，问她知不知道我是谁。她认出我以后，帕克就让她把照片删掉，告诉她"忘掉给她发照片的事"。但她并没有删除，还把照片发邮件给我。照片是电脑屏幕上我的图片。我一下子认出那张图：詹姆斯被捕前的那个下午他曾给我录像。他被捕后，非常小心地保护着相机和里面的拍摄内容。警察局没有搜查证，但还是有人看了相机中的内容，看到我谈论监狱工作情况的录像后，就拍了一张照片发给了监狱长。照片上的地理位置显示照片就是在警察局局长办公室拍摄的。

2015年4月我离开韦恩监狱两周后，CCA通知惩教局计划提前终止本应于2020年到期的监狱合同。2014年底，在我培训期间，惩教局审查了CCA履行监狱合同的情况，要求立刻整改。其中提出了安全问题，如门和监控损坏，以及金属探测器未使用等。惩教局还要求CCA增加犯人娱乐活动，提高培训质量，雇用更多的警卫、医务人员和心理医师，解决"缺乏日常维护"的问题。此外CCA也承认监狱长福利待遇不佳，导致"疏于管理"。惩教局还指出，CCA向犯人收取厕纸费用（厕纸由州里提供）和剪指甲费用。但CCA在给股东的通报中丝毫没有提及韦恩的任何问题，仅提及监狱费用不足。

我离开半年后，总部位于路易斯安那州的拉萨尔惩教公司接管了韦恩监狱。路易斯安那州大幅削减了监狱预算，州政府对韦恩监狱每个犯人的拨款降到了每人每天24美元，比CCA管理期间降低了10美元。导致的结果就是拉萨尔惩教公司削减了医疗服务支出，监狱只有一名兼职医生，每周工作20小时服务1400名犯人。心理健康服务和其他教育项目也都被取消。

241

拉萨尔惩教公司接管后，除了一些警卫外大部分人都离开了。CCA 解雇克里斯汀后，拉萨尔惩教公司聘用了他。巴克莱在伐木场找到一份工作，曾经在榉树区的一名犯人现在成了他的同事。卡拉翰成了地区监狱的惩教官。有一个人接受军训，还有一个人在得州找了一份安保的工作。其他人都还没有找到工作。犯人们被转运到州里的其他监狱，还有一些犯人被释放。我对大部分犯人因何入狱并不太清楚，但让我震惊的是考纳因为武力抢劫和强奸再次入狱。

我离开韦恩监狱五个月后，CCA 致函《琼斯夫人》，威胁如果发表文章就起诉杂志社。来函并不是 CCA 法务顾问发来的，而是杂志社非常熟悉的一家律所发来的。这家律所代理一位身家亿万的政治捐款人——弗兰克·范德士。杂志社因为报道他反对同性恋而受到起诉。弗兰克败诉后，曾承诺可以支付一百万以赞助那些想要起诉杂志社的人。

CCA 的来函表明公司一直在监视我同犯人们的交流并且密切注视我的社交活动。CCA 的律师指出，按照公司规定，"所有员工必须保守公司商业秘密和保密信息"。因为警卫无权知晓公司的保密信息，那也就在暗示我在韦恩监狱经历的日常情形和内部观察到的情况属于"商业秘密"。

为了最大限度减少报道对于公司的影响，CCA 聘请了希伦贝公司律师，这家公司长于对付记者。这家律所在网站上宣称成功减少了调查在"各大国家电台、有线电视、报纸、数字传播渠道和激进媒体"的播出和发表，而且还帮助客户使用"特定的语言"

告知记者们"法律风险"。

　　CCA 并没有起诉我本人或是起诉《琼斯夫人》，但是文章发表后，公司给记者们发了一份题为《 关于〈琼斯夫人〉所发表文章的一些真相 》的简报。简报中把我称为"激进的记者"，向读者们强加预先设定的套路和改编的故事，所写的文章不是事实。简报集中指责我没有通过采访 CCA 人员了解公司情况，而是应聘成为狱警；指责我报道所见所感的经历"威胁了监狱及其员工的安全"，没有将这些情况报告给管理人员；指责我没有谈到"那些支持公司的人和公司提供的解决方案"。离开韦恩后我曾几次提出当面采访，但都遭到 CCA 的拒绝。发言人甚至拒绝同我面谈，但在简报中他们对此避而不谈。CCA 后来确实回答了我发过去的150 多个问题。在简报中 CCA 指责我没有向读者提供有关回复的明确信息。但是它并没有提到这些回复中涉及惩教官员和犯人的姓名，我认为自己有责任保护这些人他们的隐私。CCA 的发言人在回复我的信中多达 13 次批评我对公司的业务甚至惩教行业有"根本的误解"，他们宣称我的这套方法更适合报道明星和娱乐事件。

　　2016 年 3 月，考纳出狱了。一年前他本应可以出狱，但CCA 不愿帮他找到落脚处，以使其又待了整整一年。有个律师最终找到了考纳父亲的地址，帮他安排出狱后到父亲那里。他坐大巴车到了巴吞鲁日，他母亲从得州开车去看他。他在雨中漫步，也吃上了海鲜大餐，后来还找到了一份修理汽车的工作。他有时候也会搭车沿途看看这个城市。

他出狱两周后，我和詹姆斯去看他。他家在机场附近一条安静的街道上。他父亲让我们进门。

我们坐在沙发等考纳的时候，他父亲问："你们要带他去哪儿？"

"嗯，看他想去哪里。"我说。

"你们不是来抓他的吧？"考纳从房间走出来，径直走到了外面。他让我去车里——别在街上说话。他有些紧张。

"嗨！不会提及名字吧？嗯？"

我问："你担心什么？"

"说两句我就回去了。"

"你是担心什么人吗？"

"周围的人。"

"你觉得会再次入狱吗？"

"有可能。"他说。假释期间任何违规都有可能让他重回监狱。"他们要是再看见我，觉得我不该谈论这些，就对我没什么好感了。"

第二天我们接上考纳，去了密西西比河。他以前在河边长大，小时候还在河里钓鱼。我们在河边坐下谈了一会儿话，他才不再打量周围的人。他盯着波光粼粼的河面，一条拖船经过。他走向河边，捧起一捧水，放在鼻前，深深吸了口气。

一年后，科考纳因为让一名 10 岁的女孩为其口交而再次被捕入狱。

离开韦恩 14 个月后，《琼斯夫人》杂志发表了我的文章。全国各地 CCA 监狱的员工和犯人纷纷给我写信，反映各自监狱的类似问题。其中只有一封信批评了我的文章。信是克里斯汀的妻子写来的，她说我写到克里斯汀收集绿点卡（一种预付的借记卡）纯属胡编乱造。她说自己19岁就在韦恩工作，中间断断续续的。她认为我描述不实，质问我为什么不采访韦恩监狱以前的犯人？她写道："你不适应那种生活所以内心恐慌，但是别人适应。"她很高兴我辞职了，不会再回到韦恩菲尔德。"享受你的生活吧。"

有一位之前在CCA供职的调查员写信给我。她在监狱系统工作了14年。"在CCA供职的5年对我影响很大。"她写道，"那种环境下的工作摧毁了我，至今仍带给我难以抚平的创伤。读了你的文章……我时而哭泣，时而欢笑，心灵感到治愈，对'你的故事'感同身受……你一定能想象我有很多可怕的经历，有时也想向人倾诉，有时也想就此尘封往事，永远忘记。"

她有这种感受不仅仅是因为她和犯人的关系以及内心所受到的折磨，也是因为她多年来一心保护公司利益。她工作的一部分就是收集有利于公司的证据以应对公司所面临的诉讼。每当监狱发生涉及狱警的事件——如暴力或是性侵案件——她和公司其他高管就要在狱长办公室查看监控录像。"如果录像有利于公司的官司，大家就忙着留存录像；如果录像不利于公司，就会自动把录像删除。"她说工作5年间，只有一起案子进入司法程序，而大多数案子都私了了。"私了的案子就是要用最少的钱解决问题。"

"我想这种工作总有干到头的时候。"她说，"我变了很多。"有一名犯人被警察开枪打伤后在医院住了一段时间，枪伤未愈便被转交给了监狱，这名犯人不久就死在牢房。他的尸体开始僵硬，表明他至少已经死亡了 8 个小时。调查期间，其他犯人说这名犯人整夜都在求救，但是没有狱警过来帮他。她让这些犯人写了材料递到监狱长那里。

她对狱长说："我想你已经看到那些材料了吧？"

狱长说："我为什么要看那些材料？"

"他们有些重要的事情报告。"

"出去的时候把材料扔进垃圾桶吧。"

她把那个犯人的个人物品给了他母亲。那位母亲坐在车里，后座上 3 个孩子正在哭泣。"你告诉我，难道就可以当这 45 名证人所说的没有发生过吗？"一个月后，她辞了职。

"我所纠结的究竟是一个人没有人性，还是整个公司都是如此？这是整个公司都存在的问题，还是个别没有良心的管理者的问题？我并不知道答案，但是从你的书里，我看到了很多类似的经历。这也许就是整个公司都存在的问题。"

最让我感到意外的是收到了来自司法部总检察长办公室的来信，他在信中问我是否可以谈谈韦恩监狱的经历。总检察长的高级律师告诉我，司法部的员工认为书中描写的内容同他们在联邦私立监狱看到的情况类似。检察长助理问我是否能到华盛顿特区与他面谈。他写道："我们发现你的卧底故事非常吸引人，而且也与我们的工作紧密相关。"我欣然应约。一周后司法部总检察长发布了一篇谴责报告，反映私营监狱的安全和监督问题。报告中指出，私营监狱比公立监狱更加暴力，不能像公立监狱一样提供同样水准的改造项目，花费也并不比公立监狱少。

一周后，联邦政府宣布停止与私营监狱签约。该法令仅适用于联邦监狱而非州监狱，比如韦恩监狱，但是这意味着关押22000名犯人的13家监狱不再私有化。与司法部的签约合同金额仅占CCA收入的11%，但是消息一出，CCA和GEO的股价下跌近一半。几周后，CCA宣布为节约开支计划削减55个职位。

2017年5月我来到位于纳什维尔的CCA总部，这是一栋很普通的四层绿玻璃的办公楼，门口也没有什么标志。门外有大约20个抗议者，手拿"人比利益重要""投资于人而非监狱"字样的标语。我把车开到空旷的停车场，两个穿着紧身衣裤的警卫拦住了我。我解释说是来参加股东大会，并在把门票递给他们后得到了放行。现在距离我离开韦恩监狱已经两年多了。CCA总部里没有一个人愿意和我对话，所以我花34美元买了CCA的股票，这样就可以过来面见他们了。

停进车位后，我看到有个瘦瘦的老人开车进了停车场，我认出他就是公司的创始人唐·霍顿。当他下车时，我上前和他打招呼："嗨，唐，我是肖恩·鲍尔。"

哦，嗨！

你知道我是谁吗？ 我问。他回答知道，但表情看上去很迷惑。

我说：*我曾给你发过邮件，还是希望有机会能和您谈谈创立CCA的事情。*

他说：*我不太记得了，好吧，很高兴见到你！* 说完就走进了楼里。

大厅有不少笑容满面、彬彬有礼的服务人员。有位女士检查了我的身份证，一位手持金属探测器的男士对我进行了全身检查，以确定我没有带手机或是录音设备。接待台的一位女士让我签到，并写下我所持的股份。她告诉我电梯的位置，然后一位笑容可掬的女士引领我上电梯。在电梯里，我看到了一张熟悉的面孔。电梯门关上后，他站在我前面，双手交叉，目光空洞盯着前方。我们之前见过吗？我问。

他并没有回头，而是斜眼看了我一眼，笑着说：*是的，我们见过*。我记得他来过韦恩，我和巴克莱都不认识他，只知道他是公司派来的，因为他穿着保罗衫和卡其裤。他看起来有些不自在。

电梯门打开后，门口有位笑容满面的女士把我们引领到会议室。我走进大厅，看到很多身披绶带的女士引领人群。我在会议室坐下，电梯里的那个人坐在我身后不远处。每次回头时我都能看到他在看我。

霍顿坐在前排。人们进来后都径直走向他，同他热情地握手。

一个人说：*嗨，很高兴见到你。*

霍顿说：*还活着呢。*

人们鱼贯而入，相互握手，拍着肩膀，就好像是同学聚会。虽然一年前股东大会后公司就陷入危机，但这里的气氛却是热情洋溢。特朗普的当选改变了一切。特朗普赢得大选后，CCA 的股价暴涨 50%，涨幅超过了股市其他所有公司。

特朗普承诺要打击非法移民，投资者由此推测可能会再增设扣押中心，CCA 和 GEO 都很有可能签订此类合同。移民拘留中心是私营监狱发展的新趋势。在过去 10 年，外包给私人公司的拘留中心比例由 25% 增长到 65%。90% 的大型移民拘留中心都是由私人公司运营。CCA 与移民和海关执法局（ICE）签订的合同额占到其收入的 28%。合同数额巨大，2014 年联邦政府与 CCA 签订了时长 4 年价值 10 亿的非投标合约，合同约定 CCA 管理得克萨斯州一座容纳 2400 名妇女和儿童的拘留中心，这些移民主要来自中美洲。奥巴马任期的最后一年，移民和海关执法局在拘留中心安置了超过 35 万移民，特朗普任期这一数字还将增长。

投资者认为特朗普上台有利于私营监狱的发展，事实也确实如此。特朗普上台一个月后，司法部长杰夫·塞申斯就改变了奥巴马时期决定停止私营监狱运行的政策。CCA 的股票比一年前有所增长。

会场约有 30 人就座，大部分是白人。只有 3 个黑人，其中一位是瑟古德·小马歇尔，他的父亲是赢得"布朗控诉教育局案"胜诉的律师，也是美国历史上第一位黑人大法官。小马歇尔 2002 年起开始担任 CCA 董事。进门时我领到一本股东手册，上面写着"鉴于董事会文化多元性的贡献特聘请小马歇尔"。几个月前我曾给他发信，询问是否可以面谈，他拒绝了。一位知名的民权律师的儿子怎么会出任一家私营监狱公司的董事？股东手册上写着他每年获得预付聘金 8 万美元，此外还有 12 万美元的股票。另一位董事查尔斯·奥弗比也领到相同数目的薪金。他是自由论坛的 CEO，这家论坛致力于推进新闻自由。另外一位董事成员麦克·雅克比是美国枪支生产企业斯图姆·鲁格公司的主席。会议室里唯一不在公司供职的就是我和四位反对私营监狱的人士。94% 的

CCA 股份由银行和各种基金公司持有，其余股份由董事和管理人员持有。

董事会主席马克·埃马克斯西装革履，胸前别着美国国旗胸针，走到主席台。他曾担任世界最大的轮胎和橡胶公司的 CEO。会议室的两块大屏幕上显示着公司的新名称：CoreCivic。CCA 业务没有变化，但重新进行了包装，他们现在致力于把自己宣传为一家"为政府提供解决方案"的公司。埃马克斯说：*今天的会议非同寻常，这是我们更名 CoreCivic 以来的首次会议，公共部门和政府机构大力支持我们的品牌重塑。*几周前司法部检查 CoreCivic 在堪萨斯州的一所监狱，发现监狱人手缺乏，犯人超员问题严重。但他对此只字未提。

他放了一段视频。背景音乐优美而鼓舞人心。一只小鸟飞过棕榈林。一个白人和一个黑人握手。视频中响起优美的女声——"同政府合作，我们服务大众，提供理想服务，维护公众利益。"画面中出现很多犯人欢笑握手的场景。"我们是 CoreCivic 公司，秉承理念，创新改革，服务大众。"

埃马克斯朗读了一些股东投票的官方文件，宣读和投票也不超过 10 分钟。之后他煽情地说：*感谢我们为了帮助犯人重返社会所作出的卓越贡献。*之后又播放了一段职业培训计划的视频，"35 名犯人"印刷盲文书籍。视频描述了 CoreCivic 致力于培训犯人适应社会。视频中一位老师说：*每天下班，我都知道自己有所成就，让犯人们有所不同。*

视频播完时，埃马克斯说：*我想这值得鼓掌喝彩。*观众席一片掌声。此类的培训项目有助于减少犯人再犯罪。视频中提到95%的盲人书籍都是监狱生产的。如果确实如此的话，很难理解这项技能对于已经释放的犯人有多大的用处？

一位50多岁的光头CEO达蒙·海宁格站在埃马克斯旁边。埃马克斯问大家还有什么问题。

一位激进的股东艾利克斯·弗里德曼站起来问及达米安自杀的事情。（我在文章中曾写到这个人，达米安死时只有71磅。）他说，死时暴瘦的达米安看起来就像是在奥斯维辛集中营里待过一样。有人吸了吸鼻子，会场中人们都面无表情。艾利克斯问CoreCivic是否采取措施预防监狱自杀。惩教主管哈利·拉宾站起来。拉宾在加入CCA之前曾是联邦监狱管理局的主任，后来因为酒驾离职。*我们对死者深表遗憾。预防监狱自杀是我们的工作重心。我们将同医务人员、心理医师一起商量新办法。*

艾利克斯说：*但是我要问的是CoreCivic目前有没有采取什么措施？*

拉宾有些结巴地说：*我们会提供……我会关注……我们将继续提高这方面的工作水平，有更多情况再告诉你。*他说完就坐下了。

又有一个人问道，公司是否同意同公立监狱一样开放公共记录，不再阻碍议会通过提案。海宁格说，信息的公开透明非常重要，否则合作方也不会和我们合作。他让另一位高管回答这个问题。那个高管站起来，扣上西服最上面的扣子，面向提问的女士说：*我们正在和合作伙伴商讨建立公共信息方面的制度，我会关注此事。*说完就坐下了。

其他股东也没有提问。

我站起来，海宁格一直拒绝和我谈话，公司还曾威胁起诉我，甚至还雇了一家公关公司想要抹黑我。但是当我盯着海宁格的时候，发现他并不把我放在眼里。

我提到了多家政府报告，这些报告指出与公立监狱相比，CCA 管理的监狱人手缺乏，危险系数更高。最近一家监狱因为缺乏医疗服务发生骚乱。爱达荷的监狱因为暴力事件频发，人员缺乏，州政府不再与 CCA 续约。我还提到了在韦恩监狱所看到的暴力事件，人员不足，动用武力等，这些情况都要比公立监狱更加严重。我告诉他文章发表后，全国的 CCA 监狱员工都反映了类似情况。我问道，为什么在 CCA 这些事情频频发生？大家公认提高员工工资能够提高管理水平，降低违禁品数量，鼓舞士气，提高安全。为什么监狱员工拿着和快餐店员工一样的薪水，却每天要冒着丢掉性命的风险，这说得过去吗？

我知道这些问题也不会有什么答案，因为最终都会归结到私营监狱能否生存的问题。150 年前监狱私有化后，私营监狱的条件就比糟糕的公立监狱条件还要差。但是有没有可能对私营监狱进行深入改革？培训计划，医疗服务，心理健康服务，安保，工资——这些都需要花钱。私营监狱并不比公立监狱花费少。如果 CCA 提高警卫的工资，雇用足够的人员，提供完备的服务，就会没有盈利。另一方面而言，如果州政府提高对私营监狱的费用支出，就不会节省资金，也就没有了依靠私营公司运行监狱的理由。

海宁格面无表情，显然也不会承认。*去年的报告非常详尽，我*

也就不再补充什么了，我想说的是评判监狱管理好坏要看我们的合作方。在过去5年我们的合同续约率是95%。如果我们没有良好的安全管理，完备的人员配置，较低的再犯发生率，我们就不会有这么高的合同续约率，我为我们所做的工作感到自豪。我们取得了非常好的成绩。

我坐下了。

埃马克斯来到主席台说道：我想要借此机会感谢我们的管理人员，因为你们的工作至关重要。每个行业都会面对质疑，我在普利司通任职时也曾面临质疑啊！他笑了，感觉就像在说一件可笑的事情。他所指的是普利司通公司在利比亚种植园使用童工的事情。他继续说：不要迷失了方向，每个行业都有挑刺的人，他们只看到负面的信息，没有看到我们所做的好的方面。我们要看到我们为管理犯人作出的卓越贡献。

在美国历史上有多少次召开这样的会议？不管是私营监狱的高管还是承租人，有多少次聚在一起例行公事？他们远离监狱或是劳动营，在公司总部或是办公室里高谈阔论，编出一些让他们心安的故事。他们打着让世界更美好的旗号从事惩教行业，闭口不谈他们是如何借此发家致富。

会议结束了。海宁格、小马歇尔和其他董事很快离开，我紧随其后，但他们进入休息室以后就关上了门。我走了出来，希望能够碰到什么人，但是没人进来，除了一位似乎是对我盯梢的男人。

致 谢

    我在完成这本书的过程中得到了很多人方方面面的帮助。首先要感谢韦恩监狱的同事和那些朝夕相处的犯人们。特别感谢那些在我辞职后仍然同我联系的同事和犯人们，尤其是大卫·巴克莱、詹妮弗·卡拉翰，以及监狱的安全主管助理"劳森女士"。 感谢温迪·波特同我讲述她的儿子达米安的悲惨死亡经历，而且让我翻看达米安留下的文字材料。感谢路易斯安那州社区法律办公室的安娜·兰丽德协助我报道韦恩监狱的采访对象。

    这本书如果没有《琼斯夫人》杂志给予的资金、编辑和法务支持难以完成。在此特别感谢卡拉瑞·杰弗里和莫妮卡·鲍尔琳对这个项目的全面支持，帮助我成就了记者梦想。感谢詹姆斯·韦斯特不顾一切（甚至入狱）保护我的卧底身份。感谢《琼斯夫人》的编辑大卫·吉尔森帮助我润色稿件，并促成了文章成书。感谢贝卡·安德鲁斯、格雷戈里·巴伯、布兰登·伊林顿·帕特森和麦迪逊·保利帮我核实事件并做进一步调查。感谢詹姆斯·查德威克、古林·卡敏斯、戴维德·辛德和盛智律师事务所的罗宾·雷古纳在法律事务方面给予的帮助。《琼斯夫人》杂志社的所有同仁都在这个项目中给予了我各方面的支持，他们的名字不再一一列举，在此一并表示感谢。

这些年有不少人对美国监狱做了大量研究，有些人的名字会在参考书目中出现。非常感谢《监狱法务信息》的艾利克斯·弗里德曼一直跟踪报道 CCA 并慷慨分享他的研究。同样感谢克里斯多夫·彼得雷拉帮我梳理监狱合同的细节。非常感谢档案员不辞辛劳帮我找到原始资料。感谢得克萨斯州图书馆档案室、阿肯色州图书馆、北卡罗来纳州图书馆、亚拉巴马州公共图书馆档案室、路易斯安那州图书馆、路易斯安那州西北大学坎米亨利研究中心、凯恩河克里奥尔国家公园。感谢玛瑞恩·费舍尔、吉·兰克斯特、科林·伍德沃德、布鲁斯·杰克逊花费时间帮我寻找原始资料。真诚感谢我的研究助理维纳伊·巴斯提为了这本书中的历史研究耗费大量时间。

感谢蓝山中心、麦克道威尔文艺营和凯里全球公益研究所给予我的帮助支持。感谢当地的作家们和我一起探讨这个项目。

感谢我的经纪人比尔·克莱格看到了这个项目的价值并将我引见给企鹅出版社的斯考特·摩尔斯。摩尔斯是位出色的编辑，此书的完成离不开他的鼓励。

感谢那些给我反馈和指导的人，如莱姆·多诺霍、肖恩·麦克菲赛尔、大卫·卡姆、泰德·康诺福和亚当·霍切利。感谢罗姆纳·玛丽帮我编辑照片。感谢支持我的朋友和家人。

感谢我的母亲从小教导我要摒弃种族主义，感谢我的父亲告诉我讲故事是生活的重要组成部分。最后，感谢莎拉·舒尔德一路支持陪伴我。

一朝入狱，终生难忘。感谢一路上与我一起经历坎坷的人们，在此不再一一赘述。

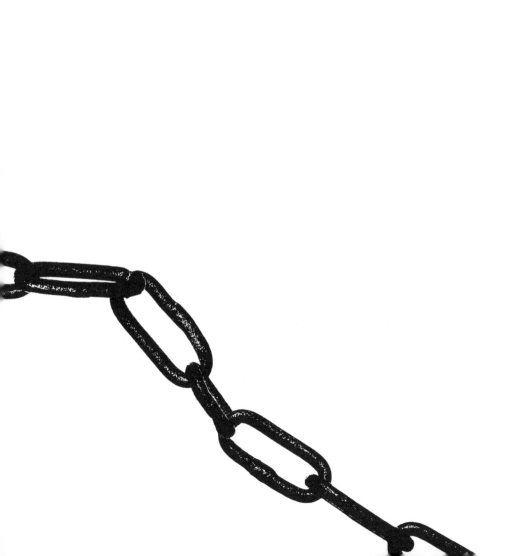